本と体

高山なおみ

アノニマ・スタジオ

はじめに

高山さんは食べるように本を読みますねと、ある編集者から言われたことがあります。そう言われたとき、ちょっと嬉しかったです。

私は食いしん坊だからかな。気に入ると、何度でも同じ本を読みます。好きな言葉やフレーズ、本の世界を丸ごと体に入れたいんだと思います。

読書はいつも寝る前のベッドの中。神戸に越してきてからは特に、寝室にテレビがないものだから、お風呂から出てパジャマに着替えたら八時にはベッドに入り、眠くなるまで読み耽ります。

ひとり暮らしをするようになって五年目。「読む」は、東京暮らしの最後の時期に当たる二〇一六年一月から二年間にわたって書き綴った新聞連載に、いくつかの文を加え、まとめたものです。書評というよりは読書感想文。本の写真は神戸の部屋で私が撮りました。

間に挟まれている対談「聴く」は、会って話をしたかった人たち。絵本編集者の筒《つつ》井《い》大介《だいすけ》さん、写真家の齋藤陽道《さいとうはるみち》さん、画家の中野真典《なかのまさのり》さん。みなさん本と言葉にまつわる仕事をしています。三人には、六甲山のふもとにある私のマンションまで足を運んでいただきました。編集者のAさん（ライターの宮下亜紀《みやしたあき》さん）、Hさん（アノニマ・スタジオの村上妃佐子《むらかみひさこ》さん）も加わり、その日にしか見ることのできない窓からの眺め、風を感じながら、わき上がってくるお話を聴きました。料理をこしらえ、みんなで食べたり飲んだりしましたが、彼らから出てくる言葉も、私はもぐもぐと食べてしまったような気がします。

「子どもの孤独とことば　絵本『どもるどだっく』インタビュー」は、食べるように本を読むようになった私の自己紹介として、あとがきにかえ綴じさせていただきました。インタビューをしてくださったブロンズ新社の佐川祥子《さがわしょうこ》さんは、『どもるどだっく』の生みの親であり、絵本の世界の扉を、私の目の前でパーンと大きく開けてくれた方です。ありがとうございました。

ところどころに登場している母は、筒井さんと対談をする少し前に病気がみつかり、中野さんとの会を終えた二週間後に天国に逝きました。九十歳の大往生です。

母は、仲間うちで数十年続けてきた小さな読書会のメンバーで、近所の図書館に通ってはよく本を借りてきていました。

母がまだ元気だったころ、ベッドで本を読んでいるところを見たことがあります。真っ暗な寝室の枕もとの小さな灯りだけつけ、老眼鏡をかけて布団にもぐるようにして夢中で読んでいました。今私が、そっくり同じことをしていて可笑しくなります。

この本は、どこから読んでも自由です。

どうぞ、お腹を空かせて、みなさんの食べたい順にページをめくってみてください。

目次

はじめに 3

読む

本を愛しなさい 11
ゼロになるからだ 15
枇杷 19
リスとはじめての雪 23
ピダハン 27
なずな 31
大きな鳥にさらわれないよう 35
わたしのおいわいのとき 39
砂浜 43
陸にあがった人魚のはなし 47
僕はずっと裸だった 51
ヤマネコ毛布 55
うさぎのまんが 59

聴く

絵本編集者　筒井大介　65
写真家　齋藤陽道　129
画家　中野真典　177

読む

ふくろうくん 243
アカシア・からたち・麦畑 247
こんとあき 251
親愛なるミスタ崔 255
せきたんやのくまさん 259
宿題の絵日記帳 263
あの頃 267
箸もてば 271
もりのなか 275
それでも　それでも　それでも 279
博士の愛した数式 284
カボチャありがとう 288
お縫い子テルミー 291

子どもの孤独とことば
絵本『どもるどだっく』インタビュー 297

読む

『本を愛しなさい』

上京したての二十歳のころ、私は街はずれにある小さな喫茶店で、くる日もくる日もケーキを焼くアルバイトをしていて、月にいちど送られてくる「岩波書店」の茶封筒がとても楽しみだった。

封筒には自分の宛名がちゃんとあった。銭湯にも満足に行けない貧乏な私のために、喫茶店の店長が申し込んでくれたのだった。

「図書」というその小冊子は漢字が多く、いかにもむずかしそうだったけれど、長田弘さんの「本のおくりもの」というページだけは、何かいいことが書いてありそうな、いつだって香ばしい匂いがしていた。

文章なのに、詩みたい。耳ざわりのいい音楽みたい。

よく意味が分からないところにつき当たっても、何度も読んでいるうちに、体の中にしみ入ってひとつになれた。

連載二回目の「犬とリンゴと本と少年」は、インクの匂いのする短い物語だ。活字を拾って印刷機を回し、手作業で本を作る小説家のヴァージニア・ウルフと、その夫ウルフ氏が営むホガース・プレス。

「どんなこともなおざりにするのをゆるさなかった」気むずかしいウルフ氏に気に入られ、働きづめだった十六歳の少年に、私は喫茶店での自分を重ねた。

絵描きになりたいと密かに願う少年は、本作りの過程で取り返しのつかない失敗をし、ウルフ氏に怒鳴り散らされる。「なんという阿呆だ。きみは小包をつくることしか正しくはできないのか」。

少年は二年間勤めたホガース・プレスを辞め、大学に行き直そうと思い立つ。

粉と卵とバターの匂いのしみついた私が、さぼり続けていた学校を卒業し、三年近くも（若い私には、とてつもなく長い時間に感じた）働いた喫茶店を辞める決心をしたのは、「人生で一番大切なことの一つは、とウルフ氏は言ったのだっ

読む

た。人生を派手にやるのでなく、わずかな元手でやるということだ。わずかな元手というのは、じぶんで、ということである」というところを、くり返し、くり返し、よく噛んで食べるように読んでいたからだ。

「本のおくりもの」は、それから三十年がたったある日に古本屋さんでみつけた。タイトルは変わっていたけれど、すぐに分かった。

薄っぺらい冊子の中で、密かに合図を送ってくれたウルフ氏と長田さんと喫茶店の店長のおかげで、私はたったひと粒の、小さな種のような自分を信じることができた。

十篇の小伝からなる本の物語は、今読んでもいい匂いがする。

『ゼロになるからだ』


去年の暮れのことです。

その日私は、朝ごはんの途中で腰の痛みに気がつきました。

前の日に棚の整理をしていて、立ったり座ったり、重たい物を持ち上げたりと夢中で動いていたから、もしかしたらぎっくり腰の前ぶれかも。

それで、食べかけのごはんも何もかもほっぽり出し、干してあった布団をずるずるとまた敷いて横になりました。

四畳半の寝室の窓には、真っ青な空がはまっていました。

一点の翳《かげ》りもない、折り紙みたいな青一色。たまに、渡っていく鳥のお腹が見えるくらい。

陽の光をいっぱいに浴びながら、年末に寝込むなんて、なんだか贅沢だな。

けれど、いつまでたっても体は温まらず、そのうち寒気までしてきました。おかしいなと熱をはかってみると、三十七度七分。それでようやく風邪だと気がついたのです。

鼻水も出ないし、のどの調子もいつもと変わらないから、ちっとも気づかなかった。体って、ふだん自分が思っているよりもずっと、ふわふわとしたつかみどころのないものなのかもしれない。

そんなふうに感じました。

薬を飲んで、眠っては夢をみ、本を読んではまた眠りました。

覚和歌子さんの詩集『ゼロになるからだ』。

遠くに置いてきたような私の体。

体の奥の方で、ちろちろと流れる川。

その川に小舟を浮かべ、静かな心だけになって、夢を渡り歩いているような読み心地。微熱のせいでぼんやりした頭が、本の世界と入り交じります。

読む

もしかしたらゼロになるからだとは、こんな感覚のことをいうんでしょうか。

詩のような、物語のような一篇一篇は、まったく違う話のようでいて、川底ではつながっている。

不思議なのに、不思議でない世界。

お昼ごはんの時間はとうに過ぎていたけれど、起きて何かを作ったり、食べたりする気にもなれず、バナナとビスケットだけお腹に入れながら、気づけば窓がオレンジ色のだんだらに染まっていました。

『枇杷』

武田百合子さんの『枇杷』に出会ったのは、三十代のはじめ。

そのころ私は、レストランの厨房で働いていました。

粉だらけになりながらパン生地をこねたり、餃子の皮を練っては伸ばし、包んだり。肉のかたまりににんにくやスパイスをもみ込み、大鍋でぐつぐつ煮込んだり。大量のイワシをさばいて、赤い腸《はらわた》や血で流しがいっぱいになったり。

厨房の勢いごと盛りつけた料理が客席に運ばれると、その日いち日を生きてきた人々の歓声が、お返しのように私たちのもとに届きました。

笑い、喋り、ひそひそ話し、ときに泣き、憤《いきどお》る。

それと同じ口で食べ、お酒を呑み、酔っぱらい……。

彼らが帰ったあとに残された、お皿の上の食べカス。時間がたって固まった、油のギトギト。

食べることって、生きることってなんだろう。

そんな日々に読んだのです。

明治から昭和にかけての、食にまつわる短編ばかりを集めた『もの食う話』という本の中にありました。

百合子さんの『枇杷』を読むたびに思う。人が食べているところを見てはいけないと、私たちはいつ、誰から教わったのでしょう。

百合子さんは、「さしみのように」薄く切った枇杷をつまむのに「鎌首をたてたような少し震える指を四本も使う」夫の泰淳さんを、舐めるように観察しています。

「枇杷の汁がだらだらと指をつたって手首へ流れ」、歯のない口で「もごもごまわし、長いことかかって歯ぐきで噛みつくしてから嚥《の》み下しています。(中略)唇のはしに汁がにじみます。眼尻には涙のような汗までたまっています」

読む

人は誰でもいつかは死んでしまうし、ここにいられるのは今しかないから。百合子さんはいつだって、目玉の奥までカッと見開き、つくづくと眺めまわしたのでしょうか。

そうして最愛の人も、その声も、そのとき見えていた梅雨晴れの庭も、食べものと同じように体に入れ、よく噛んで味わい、お腹でしっかりと消化してから言葉になさっていたのでしょうか。

『リスとはじめての雪』

私のうちから歩いて二、三分のところに、図書館があります。あんまり近いのでいつもぐるっと遠まわり、散歩をしながら出かけます。

小鳥のさえずりが聞こえると立ち止まり、どの枝で鳴いているのか、緑の葉の重なりに目をやったりしながら。

図書館は私にとっての森。入り口をくぐると、まず「こどもの本コーナー」に向かいます。

近ごろ私はおもしろそうな匂いのする絵本を、ワ行から遡り、順番に拾い集めているのです。森に落ちている木の実や、珍しい形の木の皮を拾うみたいに。

気に入ったのをみつけると、家に持って帰ります。

おもしろそうな匂いといっても、鼻で嗅ぐわけではないです。絵と言葉（音でしょうか）に震えを感じ、お話が本からはみ出しそうになっているものを、パラパラとめくっては体で嗅ぎ分けているみたい。

小さな子どもの背丈と同じくらいの本棚から絵本を選ぶには、目線をうんと低くしなければなりません。

体育座りみたいな格好で通路にしゃがみ込み、これでもないあれでもないと探していると、ヨチヨチ歩きの子が近寄ってくることもあります。

そういうとき私はとても嬉しく、すぐに笑いかけるのだけど、パッと笑顔になる子もいれば、慌てて逃げ出し、本棚の陰に隠れてこちらをうかがっている子もいます。私が、イノシシにでも見えるのかな。

きのう私はラ行の棚で、ドイツの絵本『リスとはじめての雪』をみつけました。表紙のリスが前足を差し出し、まだかなあ……という顔をして空を見上げています。

せっかちで慌てん坊のリスも、いつもぼーっとしているハリネズミも、図体ば

読む

かり大きくて情けないクマも、私や、私のまわりにいる誰かさんにそっくり。岩山のてっぺんに住んでいるヤギは、どうやら森の仲間たちから一目置かれているらしい、とか。

動物を擬人化している絵本はたくさんあるけれど、この絵本は少し違う。読んでいると人間の方こそが、擬動物化されているような感じがしてきます。それにしてもどうしてこんなに破茶滅茶《はちゃめちゃ》なのでしょう。

著者のゼバスティアン・メッシェンモーザーさんが描いた動物たちは、デッサンのように精密で、真面目くさった線なのに、笑いも、切なさも、ダイナミックさも、夢も、現実もすべてがそこにあり、雪の場面では本当に世界から音が消えます。

寝ながら読んでいた私は、布団の上に起き上がってかしこまり、拍手喝采をしました。

『ピダハン』

先日、山の家（うちのオンボロ別荘）で焚き火をしながら、肉や野菜を焼いて食べました。調味料も塩と胡椒くらいの、料理の元祖みたいな焚き火ごはん。土でできた耐熱皿に、肉でも野菜でもソーセージでもなんでも並べ、ふたをして蒸し焼きにするのです。

けれど、星空を仰ぎながらお喋りしているうちに、うっかり皿を焦がしてしまいました。ひと晩水に浸けておいても、洗剤をつけてたわしでこすってもだめ。

それでふと、地面に転がっているざらついた石で試してみたら、頑固な焦げつきがうそのように剥がれ落ちたのです。

そんなことを思いついたのは、きっと、今私が夢中で読んでいる『ピダハン』のせいです。道具を持たないピダハンだったら、そこらに落ちている物でやりくりするんだろうな、と思って。

ピダハンというのは、アマゾンの奥地に暮らす少数民族の名前で、著者のダニエル・L・エヴェレットさん一家は、ピダハンたちと生活を共にしながら、三十年かけて分かったことをこの本に書きました。ピダハンたちの話す珍しい言葉を入り口に、彼らからたくさんのことを教わっていったのです。

風が吹いたら飛ばされそうな、ヤシの葉の小屋に暮らすピダハンたち。

「一度に一日ずつ生きることの大切さを独自に発見している」彼らは、狩りの獲物をその日のうちに食べ尽くし、穫《と》らない日はまったく食べなくても平気だとか。村中が親戚みたいに仲良しで、将来も、明日のことも思い煩わず、今日だけを楽しんで、笑いながら生きているとか。

夢も、現実のひとつだと信じられているとか。

ピダハンには数字も書き言葉もなく、とても短い喋り言葉と行動だけで、自分の想いを相手に伝えているのだそうです。

読む

たとえば、アオオイというピダハン語。

この単語をひとつとっても、「肌」「外国人」「耳」「ブラジルナッツの皮」など

いろいろに意味があるのを、発音するときの声の高低だけでなく、口笛やハミング、叫び、歌でも使い分けているんだそうです。

川面に映る銀の月、鳥のように震えるその声がアマゾンの密林に響き渡るのを、私はとても聞いてみたいです。

『なずな』

もうじき引っ越しをするので、本の整理をはじめました。近所に仲良くしている古本屋さんがあり、電話をすると引き取りにきてくれます。

寝室の本棚だけでも、よくぞこんなに収まっていたなあという量が出てきて驚きました。一冊一冊を手に取り、開いてみると、途中で読まなくなってしまった本はやっぱりよそよそしい顔をしています。いちど読んで感動した本でも、くり返し読みたいかというと、そうでもないし。

それは、本の中にある空気としかいいようがないのだけれど。

その空気が奏でる、聞こえるか聞こえないかくらいの音楽が自分を落ち着かせ、いつ読んでもひたひたと、心にしみ入ってくれるかどうか。

小さいころにはそういう本の匂いを嗅ぎながら、隅っこを食べてました。堀江敏幸さんの『なずな』も、もちろん新しい住まいに持っていく方のダンボール箱に入れました。

主人公は四十代半ばの男性「わたし」。東京で働いていたわたしは、何かのきっかけで地方に移り住み、小さな町の新聞社に勤めます。

もの想いにふけるのが癖で、まわりからはただぼんやりしているだけにしか見えないわたしの部屋に、生まれたばかりの赤ん坊なずなが、弟夫婦のもとからやってくる。

市井《しせい》の人たちの営みを取材し、記事を書きながら、なずなの声に耳を澄ませ、ていねいに、おずおずと育てるうち、わたしはおのずと自分自身に向き合うことになり、町の人々とも少しずつ縁ができていきます。

これから私は、引っ越した先の町で、どんな古本屋さんにめぐり会えるだろう。図書館はあるのかな。商店街には、活きのいい魚屋さんや八百屋さんはあるだろ

読む

うか。

その土地の水を飲み、吹く風にさらされ、まだ見ぬ人たちに出会う。もしかしたら引っ越しもまた、乳飲み子を育てるのと同じに、新しく生まれ直すことなのかもしれないと、久しぶりに『なずな』を読み返しながら思ったのです。

『大きな鳥にさらわれないよう』

神戸の山の近くに越してきました。長い坂道の上に建つマンションの四階なので、空と海が窓いっぱいに見えます。

おとついの晩は雨風が激しく、ひと晩じゅう窓ガラスをガタガタと鳴らしていました。

明け方、トイレに起きたとき、夜景が白くけぶって空と海との境がなく、川上弘美さんの『大きな鳥にさらわれないよう』を思い出しました。

短編をひとつ、ゆっくり読んで。もういちど読んでから眠ると、夢に出てくるような、とても密やかな空気の本。

ひとつ目の話には、白いガーゼのうすものを羽織って湯浴《ゆあ》みにいく女たちが出てきました。行子さん、千明さんと呼び合っているから、日本の物語なのでしょうけれど、どこか知らない国のような感じもして。

でも、読み進めるうちに、この本にあるのはすべて、遠い未来の物語だということに気づいていきます。

「1の7」「1の30」と、数字で呼ばれている人たち。

池の水面《みなも》で、「誰かのため息のような音」を立てて開く白い花と同じ名の、リエンという少女の話。

肉汁をためこんだ牛や羊のステーキに、チキンパイ。

「夏の終わりに収穫して蓄えておいた麦からつくった大切な粉をこね、ラベンダーと蜂蜜からつくった酵母」のパン。

おいしそうな食べものもよく出てくるのに、湯気や匂い、肉を焼く油のジュージュー音《おん》をちっとも感じないのは（言葉では書かれているにもかかわらず）、本の中に息づいている人たちがみなクローンで、食べもののもととなる動物や植物、虫にいたるまで、すべてが遺伝子操作でできているからでしょうか。

読む

同じ顔つきで似た性格を持ち合わせた、人同志の境界が曖昧なクローンたち。なのにわずかな人格の差が、私の体の奥深くに侵入し、くっきりと生々しい夢をみさせるのは、どうしてなんだろうと思うのです。

相手の沈黙が深ければ深いほど、こちらの体に言葉が満ちてくるのと同じなのでしょうか。

『わたしのおいわいのとき』

雨上がりの空気がひんやりしているのは、山に近いせい。

神戸に越してきてから私は、朝のゴミ出しのついでに、山の入り口まで上るようになりました。

坂道に落ちている葉っぱや花、木の根や小石など、形のおもしろいもの、色のきれいなものをみつけると、拾って帰って部屋に飾ります。

今朝は、カラスの羽根を拾いました。

黒々とした艶のあるとても立派な羽根。

拾っているとき、翼を悠然と広げたカラスが山の方から飛んできて、屋根のてっぺんにとまりました。こちらをじっと観察しています。

もしかしたらこのカラスの羽根なのかもしれないと思い、私は背筋を伸ばして声を出し、「もらってもいいですか？」と尋ねました。

きっと、『わたしのおいわいのとき』の中の言葉が、どこかに残っていたからだろうな。

『わたしのおいわいのとき』は、自然との交わりの歓《よろこ》びを描いた散文詩の絵本です。藪《やぶ》の奥で出会い、目と目が合ったコヨーテのこと。後ろ足を伸ばし、「霧のなかで静かに立って」三重の虹をじっと見ていたノウサギのこと。オウムみたいな緑色の雲。真っ赤な燃えあとを残して横切っていった、火の玉のような流れ星。

著者のバード・ベイラーさんは、アメリカのテキサス州に生まれ、南西部の砂漠地帯で育ったそうです。

「おいわいするのは、こんなふうになったとき——心臓がドクドクし、山のてっぺんに立ったようなかんじになって、あたらしい空気をすったときみたいに大きく息をのんだとき」

八月の中ごろに毎晩続く、流れ星の夜。

読む

「空がさわがしくなる暑い夏の夜を、わたしは一年じゅうこころまちにしている。その一週間は、外でねる。からだじゅうで空をみつめる。まっくらな空に光のすじがはしるたび、心が、わたしの外にながれだしていく」

私たちをとりまく世界は、生きているお祝いのよう。

小さいころにはくっきりと、毎日が色鮮やかに新しく見えていたことを、この高台の地にひとり暮らすうちに、私はよく思い出すようになりました。

『砂浜』

干してある布団をベッドに広げ、ごろごろしながら本を読みはじめました。夏になると、毎年いちどは読みたくなる『砂浜』です。

スクール水着の黒い海水パンツに水中メガネをつけ、海に潜っている少年たちの青い絵の表紙。この本には、著者の佐藤雅彦さんが少年時代を過ごした小さな港町、御浜《みはま》での永遠の夏休みがとじ込められています。

「水面に目を落とすと水がどこまでも透き通っていて、岩がごつごつしているのとか、砂地だったりする海底がゆらゆらと見え、その深さにいつも息をのんだ」

私も佐藤さんと同じく静岡県の出身なので、子どものころに沼津港から連絡船に乗り、海水浴に連れていってもらったことを、本を読むたびに思い出します。

家族そろって乗った私たちの連絡船の船底にも、夏休みの絵日記帳を四冊並べたくらいの大きさの、分厚いガラス板がはめ込まれていました。

岩にはりついている小さな巻貝、海藻の合間をすりぬけてゆく小魚、驚いて砂の上を横走りするカニ。海の底の水は、青いような緑のような不思議な色をしていました。

ふたつ目の話を読み終わり、早くも眠たくなってきた私は本をふせ、目をつぶりました。マンションの下の道で、近所の子どもらが遊んでいます。

「誰のせいや、こんなに曲がってしもたんわ」

「わからん」

「マー君のせいやろ！」

「えー、わからん。フネのせいや」

「フネって誰や」

いったい、何が曲がってしまったんだろう。

フネって、船のことだろうか。

読む

いつもお揃いのTシャツを着て遊んでいる仲良し兄弟と、もうひとりの男の子が何かを言い争っているらしいのだけど。

窓から見下ろせば、何のことなのか分かるのだけど。

私は、どうしても動けません。

薄目を開けると、レースのカーテンが風を孕《はら》み、膨らんでいました。

遠くの方で、汽笛がボ――ッと鳴りました。

蝉が鳴いています。

空は真っ青。洗いたての入道雲が、アイスクリームみたいに盛り上がっています。

『陸にあがった人魚のはなし』

おばあさんがひとりきりでやっている隣町の絵本屋さんで、ランダル・ジャレル作『陸にあがった人魚のはなし』という本をみつけました。踏み台に乗らないと届かないくらい高い棚の隅っこで、ひっそりと埃をかぶっていました。

「むかし、むかし、ずっとむかし、森が海にまでせまっていたところに、狩人が丸太小屋にひとりで住んでいました」と、はじまる童話。

「狩人が人魚とくらすはなし」「狩人が小ぐまを家につれてきたはなし」「冬ごもりをする小ぐまのはなし」「人魚にそだてられた少年のはなし」など、七つの物語の扉には、それぞれモーリス・センダックの絵が挟まれています。それはとても細密に描かれた線画なのだけれど、どのページも風景だけで、人魚や狩人は出てきません。彼らの姿は読む人の頭の中にあるのだから、そういうところもとてもいいな、と思いました。

月光の浜辺で、狩人と人魚が出会ったばかりのころ、人魚の話す言葉は「岩のさけ目のなかでぶくぶくいっている水のよう」でしたが、狩人から少しずつ陸の言葉を教わっていきます。

海で暮らしてきた人魚にとって、陸は何もかもがめずらしいものだらけ。海の底にある色といえばほとんどが茶色ばかりなので、赤く燃える石炭のことを手でつかもうとします。

「これまでに見たなかで、いちばんすてきな赤い貝だとおもったの。わたし、それをかべにかざろうと思ったのよ」

そうして人魚は美しいものだけでなく、何かをほめるときにはいつも嬉しそうに、「貝みたいだわ」と叫ぶようになったのです。

自分の知っているわずかな言葉で、陸にあるひとつひとつに新しく名前をつけていく人魚は、陸に暮らすことに慣れてしまった私たちに、この世がどんなに美

読む

しいところだったのか教えてくれます。

「あらしだって、ここではほんとだし、木の葉はあかくなるし、木のえだは冬じゅうすっかり葉をおとしているわ。陸では変わることがあたりまえだし、たえず変わっていくの」

陸とは反対に、海の中はいつでも変わらない。

嵐が起こっても表面だけのことで、波の下ではいつも同じ。

誰かがサメに食べられても、次の日にはまた同じ日常がやってくる。

サメは、「わたしたちがさかなを食べるように、わたしたちを食べるのよ。さかなはわたしたちのことをにくんでなんかいないわ」。だから海では仲間が死んでも、誰も悲しまないといいます。

実感のこもった美しい文章と、人魚のたどたどしいお喋りは、読んでいるそばから泡のように消えてしまいそうになります。

私はこの本を、少しずつ、大切に読むことにしました。言葉の響きだけつかまえる。まるで、目から音楽を聴いているような本です。

『僕はずっと裸だった　前衛ダンサーの身体論』

誰かと話をするとき、私たちは言葉だけを聞いているのじゃありません。言葉はとても便利だけれど、意味を狭めてしまうところがあるし、ときにはうそもつけるものだから。

それよりも私は、話している人の指の動きや、からだのまわりに漂っている気配が気になって、ついぼんやりしてしまうことがあります。

そういうときには私も、からだを通して感じているんだろうか。

からだは言葉よりずっと、正直な気がしていました。気持ちが動くとき、私のからだは、相手のからだは、からだの中身はどのようになっているのだろうと、ずっと思っていました。

田中泯《みん》さんのエッセイ集『僕はずっと裸だった 前衛ダンサーの身体論』には、「心がふくれるとき、本当にからだは空気でいっぱいになります」と書いてあります。

「眼球を外に向けて使ってばかりいたのでは、人間の知恵を放棄したに等しい。からだの内側、皮膚のこちら側に眼を向けてみる」

この本を読んでいると、自分の大もとに戻ってゆくような感じになります。ここにあるいちばん確かな、たったひとつの私のからだ。

その奥で鳴っている音を聴く。

お腹が動いて、じいんとして、むずむずが広がるのを味わいながら、ベッドに寝そべって私は泯さんの声を読んでいる。

するとそのうち、すべてを吐き出したいくらいの眠気がやってきて、ひきずられるように眠ってしまう。

意識が剥がされた、真新しいからだに、泯さんの声が水や空気みたいにしみ込んでくる。

読む

虫たちの羽音、息をしている植物の気配。
風が吹いている。
かすかな物音に、自分も混ざってゆくような。
自分なのか誰なのか、虫なのか、風なのか、もう分からなくなってしまうような。
陽が落ちるまでにはまだたっぷりと間のある午後。
空には刷毛でなぜたような雲。
遠く、近くをさまよったわずか五分の昼寝を終え、私はまたページをめくる。
この本の至福の読み方です。

『ヤマネコ毛布』

ひと晩じゅう降り続いていた雨も、朝には上がりました。私は台所へ行き、パジャマのままコーヒーをいれて、寝室に戻ってきました。

窓を開けると、洗濯されたみたいな青空に真っ白な鱗雲《うろこ》。こういうのを旅に出たくなる空というのでしょうか。

枕もとの本棚から、山福朱実《あけみ》さんの版画絵本『ヤマネコ毛布』を取り出しました。

「ヤマネコが　ハリネズミに　いいました。『たびに出ようとおもう。』もうきめた　というかおです」

ピンと張ったヒゲ、青く輝くまん丸な目でそう宣言しているヤマネコの顔のまわりには、彼の未来を映し出すような色とりどりの花火が散りばめられています。次のページをめくると、ハリネズミの空想の場面。そこには、朝早くにヤマネコがひとりぼっちで出かけていく姿。言葉は何もありません。

これまでずっとヤマネコと一緒に暮らしてきたハリネズミにとって、その報告は相当ショックなできごとだったでしょう。自分勝手で気まぐれなヤマネコのことは、いちばんよく知っているハリネズミですが、森の仲間の誰よりも淋しかったはずです。

それでもみんなに、針と糸をくばって呼びかけます。

「ヤマネコが　森をでていく。おもいでを　ししゅうして　プレゼントしよう」

この絵本は、古くからの友人でもある山福さんの家に遊びにいったとき、帰り際に玄関でプレゼントされました。

たまたまだったのですが、それは私が東京を離れ、どこかの街でひとり暮らしをはじめようと思い立った日でもありました。

「こまかいしごとが　とくいな」サルや、「ぶきような」オオカミ、泣き虫のノ

パロル舎
ヤマネコ毛布
作・画 山福朱実

ウサギ。クマ、トラ、カワウソ、トリ……。

絵本を読み終わり、私はもうひと眠りすることにしました。

森の仲間たちがチクチク刺繍してくれた毛布をお腹にかけ、「森のにおいとおもいでに　つつまれて、ごろごろ　ごろごろ　たっぷりと」のどを鳴らしながら眠っている、お終いのページのヤマネコみたいに。

『うさぎのまんが』

『うさぎのまんが』をはじめて読んだ日のことは、忘れられません。

週末のとてもいいお天気の昼下がり、私はベッドに寝転んで、陽を浴びながら読んでいました。

マルーというピンクのうさぎの女の子が主人公の、楽しげな漫画でした。アジアを旅する話は、すみずみまで可笑しく、ふき出しながら読んでいたのだけれど、皮膚が溶けたようなドロドロの捨て猫に出会う話のあたりから、ぽろぽろと泣けてきました。

ひと息に読みたおし、読み終わったときには、打ちのめされたようになっていました。

思いっ切り運動して、汗をかいたあとみたいな爽やかな読後感と共に、不思議な興奮が上ってきていました。

ここにはいったい、何が描かれているのだろう。

文章だけではとてもじゃないけど表すことのできない、何か。

私たちがいるこのあやふやな世界で、ただひとつ頼りになる何か。

そういうものが、明るい漫画となって、ある。

なかなかなつかない飼い猫との同居に、ノイローゼ気味になっていたマルーが、洗濯ものを干していて、ふと部屋で眠る猫たち、クッカとロロを見たときのこと。

「瞬間私は『かわいい』の本質がわかったのです　『かわいい』とは『まるごとで生きている』ということです　なぜクッカとロロがかわいいかというと　それは生きているからだ　だから鳥もかわいい　虫も　雲も　木も　人も　……私も全て　みんなかわいいんだ」

著者のMARUUさんは、中学、高校生のころに学校を休みがちで、摂食障害だったと、漫画の中でひとことだけ触れています。

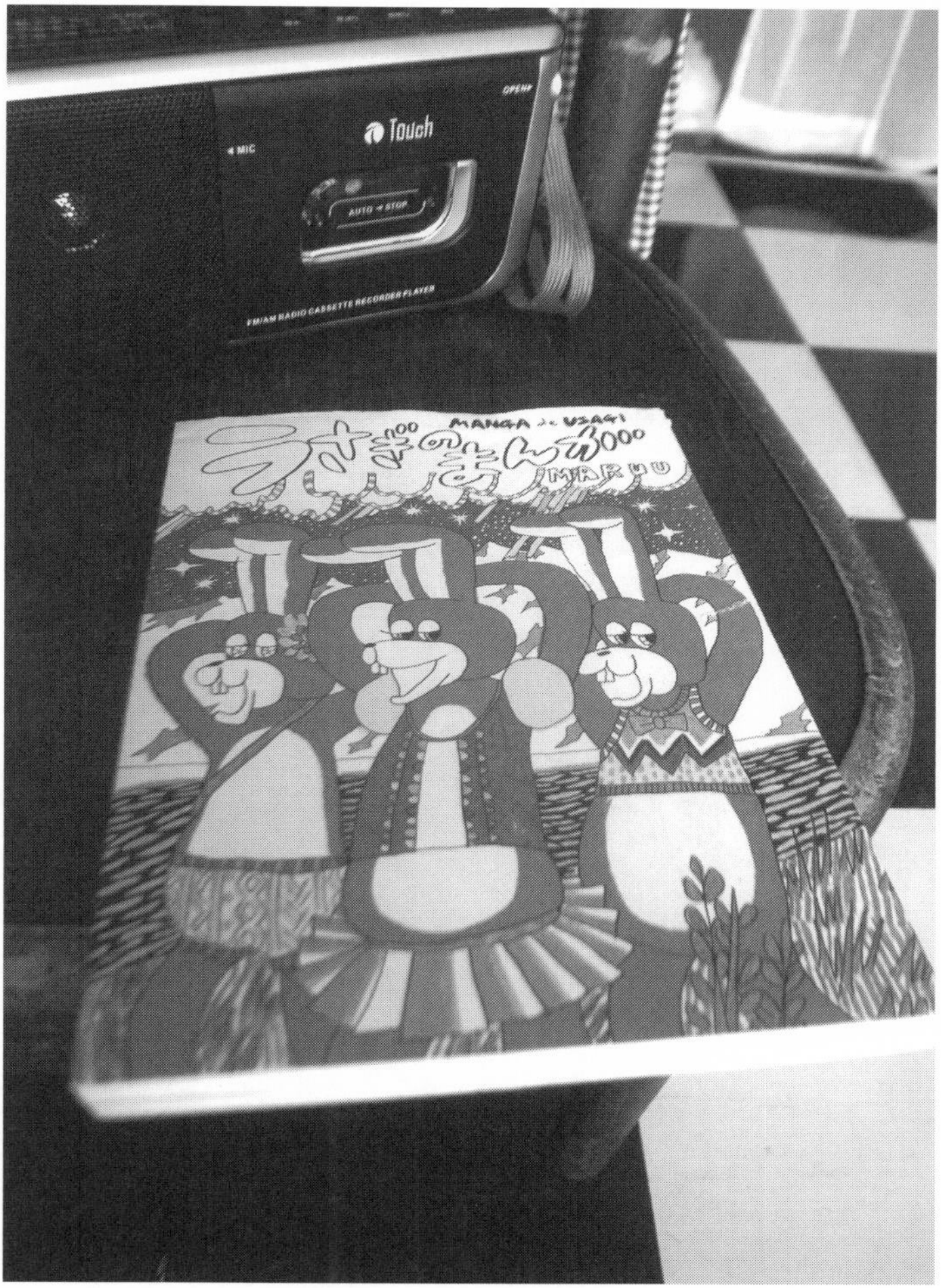
Touch
MIC
AUTO STOP
FM/AM RADIO CASSETTE RECORDER PLAYER
MANGA
USAGI
MARUU

読む

厄介者の自分を取り巻く、冴《さ》えない日々。

辛さと楽しさ、悲しみと喜び、醜さと美しさは、まったく逆のもののようだけど、それらはふとしたきっかけでひとつになり、眩しい光を放つことがある。

自分がいることを根底から否定したことのある人だけが、私たちに見せてくれる世界。そういうものがあるような気がするのです。

聴く

絵本編集者

筒井大介

対談日：２０１９年４月17日

献立

ひじき煮の白和え、五目きんぴら（ごぼう、にんじん、レンコン、コンニャク、ピーマン）、小松菜のおひたし、アボカドやっこチャイナ、筍と昆布の炊いたん、肉厚しいたけのフライパン焼き、ご馳走ちらし寿司（かんぴょうと干ししいたけの甘煮、鱈と鮭の桜おぼろ、いり卵、サーモンと真鯛のヅケ、青じそ、菜の花、しらす、いりごま）、筍の姫皮のすまし汁。

筒井さんから、おすすめの本

『すべての見えない光』

アンソニー・ドーア著／藤井光訳　新潮社

読み終わるとほぼ手放すので、近年読んで、手もとに残していた本の中から選びました。

筒井くんは私の二冊目の絵本『たべたあい』の生みの親。

中野真典さんと私が出会うきっかけになった、『おもいで（内田麟太郎作・中野真典絵）』の編集者でもあります。

私がまだ東京にいたころ、『たべたあい』の打ち合わせで吉祥寺の家に来てくださったときのこと、よく覚えています。

あれは、二月末の陽射しが眩しい日でした。

私の日記には、こんなふうに書いてあります。

「なんだか面と向かっていると、話したいことがどんどん湧いてきてしまうような方だった。私の底と、筒井くんの底が、なんでもなく会話をしているような。でも、厳しい話ではちっともなく、声は優しく穏やかで、ひっそりとしていて、ときどきふーっと風が吹く。純真で、やんちゃなところもある、中学生か高校生みたいな方だ」

打ち合わせが終わって、京都に戻る筒井くんと肩を並べ、お見送りがてら三鷹駅までてくてく散歩しました。どんな話をしたのか細かなことは忘れてしまったけれど、筒井くんが絵本の世界に入ることになったきっかけは、そのときに聞いたんだと思います。

筒井くんを見送ってから、ふと入った靴屋さんで私は白いバスケット・シューズを買いました。その日のお天気みたいに晴れやかな気分で。

日記は、こんなふうにしめくくられています。

「春になったら、こんどはこのバスケット・シューズで、神戸の坂道や、京都やら大阪やら、前を向いてどんどん歩いていこうと思う」

あれから四年半が過ぎ、本当にそのバスケット・シューズで私はあちこち歩きまわっています。

筒井くんとミニちゃん（奥さん）がやっている器と本の店「nowaki」にも、阪急電車を乗り継いで何度出かけたことでしょう。

いつも河原町の駅から、鴨川の畔の道を歩いていくのです。

筒井くんは百冊近い絵本を世に送り出している、腕利きの編集者なのだけど、話しているとつい弟と一緒にいるような気分になって、気づけば関西弁がうつっています。

この対談が開かれたのは四月の半ば。

ぽかぽか陽気の、いいお天気の日でした。

午後一時に集まり、好きな絵本や本をお互いに見せ合いながら、思い出したように窓辺に立って、移り変わる空の色を眺めながら……よく食べ、よく飲んで、よく喋り、気づけば夜の十一時をまわっていました。

そうそう。対談の前に体を動かしたくて、みんなで裏山に登りました。

山の入り口につながる坂道を上っていたとき、新幹線の窓から見えるある風景について、私は筒井くんに話しかけました。

「京都から名古屋までの間で、いつもそこだけ雪が降っている場所があるでしょう。日によっては吹雪いていることもあって、そこだけ別世界。一面真っ白なの。私はコーヒーを飲みながら、お菓子なんかも食べながら、そこを通るたびにうっとりするの」

「ああ、ありますね。米原あたりでしょうか。僕は、『絵本塾』のために月に一、二度新幹線に乗って東京へ行くんだけど、寒さも風も相当厳しそうだから、ここで暮らしてはる人たちは雪が多くて大変だろうなと、あそこを通るたびに思うんです」

そのとき、筒井くんの片鱗がちらりと見えた気がしました。

いつだってものごとのまっただ中で、見たり、聞いたり、匂ったり、感じていないと気がすまない私とは反対に、筒井くんは世界を俯瞰して見ている。

自分を消し、いろんな立場の人や起こっている現象を、遠くから冷静に感じることができる。不特定多数の人を思いやり、愉しませることができる。

それにしても、最後に作ったちらし寿司は、酔っぱらっていろいろな具を入れ過ぎました。

どちらかというと私は、引き算の料理が好きなのに、筒井くんの話を聞きながら刻んだり、混ぜたりしているうちに、自然とそうなってしまいました。

細々としたおいしい味が、見る角度によっていろんなところで光っている。ひとつひとつの具はみなそれぞれ主張があるのに、合わさるとつかみどころがない。それでいて、全体的にはひとつの味にまとまっている。
うまく言えないけれど、きっとそれが、対談の間に感じた私なりの筒井くんのイメージだったんだろうと思うんです。

筒井 3年くらい前から、猫と暮らしはじめたんです。朝7時にごはんって決まっているので、6時半くらいから起きて待っているんです。

高山 ゆきちゃんですね。かわいいー。

筒井 棚の上からジーッとのぞき込んでいます。

高山 催促しないんですか？

筒井 最初は、明け方に棚から飛び降りてきたりしていたけど、ごはんをあげると習慣になるから、耐えた方がいいって言われて。

A 耐え抜いたんですね。

筒井 耐えると覚えてくれました、朝は7時に目覚ましが鳴ったらもらえるって。

高山 飛び降りたときは、怒ったの？

筒井 怒ってはないですね。どうやらそんなことをしてももらえないって、ゆきちゃんは分かったみたいです。

高山　あー。なんだか子育てみたい。

筒井　目覚ましが鳴ったら、「早よ、くれよ」っていう感じで、枕元にクンッて来るようになりました。

高山　かわいいね、そっか。

筒井　かわいいですね。猫、やばいです。（高山さんの料理を食べはじめる）あ、おいしい（もぐもぐ）。

A　見ていてかわいいって思いますけど、一緒に暮らしてみるとまた違うんでしょうね。

筒井　そうですね、人の家の猫を見ていたけど、飼ったら猫のこと全然知らなかったな、って思いますね。

高山　みんな違うのかな。

筒井　みんな違いますね。おいしいー。白和え、うま！

H　きんぴら、おいしいです。うーん。具だくさんですね。

A　猫はどうして飼うことにしたんですか？

筒井　家の前にやって来たんですよ。ボロボロにケガして、ガリガリで。「もう無理です」って感じでした。捨てられたのか、逃げたのか分からないけど。カラスにでもやられたのか、ケガしていて。

高山　そうだったの！

筒井　首から血が出ていて。それを助けるというか、保護して飼いはじめたんです。うちの前の通りをフワーッと歩いていて、見慣れないし、明らかに野良じゃない雰囲気で。「おーい」って呼んだら来るんですよね、もう必死だから。今はもう「おーい」って呼んでも来ないけど（一同・笑）。

高山　さまよっていたんだ、助けを求めて。

筒井　あ、手酌で大丈夫ですよ。（ビールを注ごうとする、高山さんに）

A　「nowaki」がある、あの通りに猫がいるところを想像しちゃいますね。

筒井　そんなことはじめてだったんでね、迷い猫が来るなんて。（アボカドやっこチャイナを取りながら）アボカドって、おいしいですよね。

高山　おいしいね。これ、なぜかピータン豆腐みたいな味がするんです。アボカドなのに。最近のヒットなの。

筒井　へー。いただきます。わ、うま。

高山　いいでしょう。

筒井　しょうゆと、ごま油と？

高山　オイスターソース。オイスターソースが2で、しょうゆが1くらい。作れるでしょ？

筒井　これなら僕でも。

H　さっと出てきたら嬉しいですね。

高山　このたれで、ゆで卵と豆腐もおいしい。

筒井　オイスターソースか、なるほど。それは思いつかないな。

高山　小瓶1本あると、使えていいでしょう。やってみて。ワイン、いいですか？「十六夜《いざよい》」っていうんですね、素敵な名前。

筒井　北海道のワインなんだ。

A　京都の町家にあるお店でみつけたんです。押し入れの中にワインを並べて売っていて。3000円くらいまでのワインが充実しているんです。

筒井　それ、いいですね。うちの近くの町家にも「仔鹿」っていうワイン屋ができました。

高山　（ワインを開けて）あ、なんかヤクルトの匂いがする。

A　本当ですね、乳酸発酵の匂い？

高山　十六夜って、どういう月でしたっけ。

H　満ちたあと、ですかね。

高山　ほんとそんな感じかも。グラス、どうぞ。小野明さん（編集者・装幀家）に教わったんですけど、「勢いよく注ぐといい」って。ドドドッて。空気を入れるってことですかね。

筒井　小野さん、なんでも一家言ある感じですよね。知らないことがないんじゃないですか。

高山　小野さんが注いでくださると、ワインでもお酒でも、なんでもおいしいの。じゃあ、いただきます。

筒井　あー。酸がありますね。

高山　シュワシュワする。昼間に飲むのいいですね。おいしいー。しいたけを焼くの、忘れないようにしよう。こんなに大きいのがあるの。

筒井 そうだ、昔作った絵本、持って来ようと思ったんですけど、みつけられなかったです。どこかにあるだろうけど。長さんだけぎりぎりみつけられました。

高山 あー。これすごくいいんだよ、大好き。

筒井 『そよそよとかぜがふいている』。これ、いいですよね。今、「復刊ドットコム」からの発行になっているんですけど、僕が長新太さんと作りました。

A 長さんが病室から送ってくださったって、「ミシマ社」のWEBマガジンにあった、筒井さんへのインタビューで読みました。

筒井 そうなんです。そのときの、長さんからのハガキ、持って来ればよかった。仕事したいって伝えて間もなく、長さんは癌で入院しちゃうんです。そうか、もう絵本できないかな……って思っていたら、「病室で考えたラフを近々に送ります。タイトルは『そよそよとかぜがふいている』。お楽しみに」って、ハガキが来たんです。それからしばらくして、ラフが届きました。

高山 じゃあ、病室で描かれたの?

筒井 ラフはどうだったのかな。その後、退院して何冊か絵本を作られて、再入院して亡くなられました。僕が仕事をしているときは自宅で闘病中でしたね。お住まいの2階がアトリエで。最後の方は、ソファーで寝ていて、起こしても気づかないこともありましたね。もうだいぶん体力もなかったと思います。2004年に出た本で、翌年に亡くなったから。ギリギリ間に合った。

高山　ほんとだ。ギリギリだね。

筒井　「教育画劇」時代の絵本は、京都に引っ越してきたときの、ダンボール箱にまとめているのかもしれないです。

高山　「教育画劇」？

筒井　あ、僕はもともと「教育画劇」で絵本の編集をしていたんですよ。それから「イースト・プレス」を経て、独立して。京都で「nowaki」をはじめました。

高山　あー、そっか、最初はそこだったんだ。

H　「教育画劇」って、紙芝居も作っている版元ですよね。

筒井　そうです。今でも紙芝居を作っているみたいですね。

高山　スズキコージくんと作った本も、ここが最初？

筒井　そうです。

高山　図書館で見て、大好きになった絵本に筒井大介って、奥付に書いてあったんです。あ、これもだって。だから、私が筒井くんを知ったのは、図書館なんです。まず『おもいで』がそうでしょう。こんな本を作る編集者って誰だろうって。ふだん絵本の奥付まであまり見ないんだけど、だけどそれから、ああ、これも同じ人だって気づくようになりました。ミロコマチコさんの絵本も、長さんの『そよそよとかぜがふいている』もそう。

A　じゃあ、直接お会いになる前に、筒井さんの名前を知ったんですね。

高山　中野（真典）さんが、東京・東中野の「ポレポレ坐」で個展をやっていたときにたまたま筒井くんが来て、会ったのはそれが最初です。

筒井　中野さんが紹介してくれたんですよね。

高山　名物編集者って言われているって。気鋭の編集者っていうのかな。中野さんが、「おもしろい人ですよ」って。まさかそんなにすぐ会えるとは思ってなかったし、こんな人だとも思わなかった。でも、すぐにぴったりきましたけどね。

筒井　なおみさんが『おもいで』を見ているとは思いもよらなかったですけど。僕は、「高山なおみ」って知っていましたよ。「クウクウ」（東京・吉祥寺の諸国空想料理店、２００３年閉店）に行っていましたから。なおみさんはもう働いていなくて、それは残念でしたけど、話には聞きました。「トムズボックス」の展覧会はオープニングパーティーがいつも「クウクウ」だった。毎月１日が展覧会初日、作家と会えるのでよく行っていましたね。はじめて行ったのは、宇野亞喜良さんの個展のオープニングでした。

A　高山さんは筒井さんと対談で話したいって、この本の話をはじめたときからずっとおっしゃっていましたね。

高山　何かでスイッチが入ったことがあるの。「nowaki」で受注展示会をしていた靴屋さんの夫婦が、うちに遊びにきたとき。えーと、ひろみさんと、おさむくん。あのときは、ミニちゃんと、マメちゃん（画家のマメイケダさん）もいましたね。

筒井　あー、手作り靴屋「uzura」さんたち？

高山　そう。一緒に飲んで、これ以上、ここで聞くの、やめよう、対談して聞こうって思ったの。あのとき、何を話していたのかは忘れちゃったけど、ほんとはね、その場にいた全員に話を聞いてみたくなったんです。酔っ払って聞き過ぎないようにしようって思ったのは覚えています。筒井くんは、ギャップがおもしろいんですよね。

筒井　そうですか。ふーん。

A　ギャップありますね。

高山　感じますよね？

筒井　自分だと全然分かんないですね。

高山　（『そよそよとかぜがふいている』のページをめくる）

筒井　これを作ったときは、デザイナーはいなくて、長さんが色も全部指定したんです。僕が長さんに聞きながら印刷所に指示しましたね。

高山　へー。長さんは、編集者の言うこと聞かない人ですか？

筒井　どうですかね、これはもらったもの、そのままです。

高山　言うことなんにもないものね。

筒井　言うことないですね。病室で描いていたし、タイトルから、叙情的なものが届くのかなと思っていたんですよ。長さんも感傷的になってるのかなと。そしたら、えらい過激なのが来て、しびれましたね。

高山　（ページをめくり、クスクス笑いながら読む）いいよねえ。こういうの、長さんにしかできないですよ。あれ、奥付に筒井くんの名前は入ってないですね。

筒井「教育画劇」は入れてなかったんですね。「イースト・プレス」時代の絵本からかな、奥付に名前が入っているのは。「復刊ドットコム」にも入ってないんじゃないかな。復刊されるの、あとから知りましたから。

高山 あ、じゃあこの絵本で名前を見た気がしたの、勘違いかな。

筒井 見本誌を送ってくれたらいいなと思ったけど、来なかったので自分で買いました。でも、嬉しいです、復刊されるのは。思い入れがあるものだから。

A 入社して間もなく、長さんと仕事をするって、貴重な経験ですね。

筒井 そうですね、スズキコージさん、荒井良二さんにしても編集者になりたてのころに仕事ができたので、それは大きかったですね。絵本ってこの世界に入るまで興味なかったんですよ、大学卒業してたまたま入って。なおみさんにこんな話しましたっけ？

高山 あのとき、打ち合わせしたあと、三鷹駅に向かって歩いているときに聞きましたよ。

筒井 ああーあのとき！ 吉祥寺のご自宅で『たべたあい』のお話をはじめて聞かせていただいたときですよね。帰り道で、そんな話をしていたんですね。

高山 服装も覚えていますよ。私はね、オリーブ色のコーデュロイ・パンツと、茶色いとっくりのセーター。筒井くんはどうだったかな。

筒井 自分の服を覚えているんですか、すごいですね。きのう、何を着ていたかも僕は覚えていないかも……。なおみさんが六甲に引っ越す、少し前でしたね。

高山　2月って、日記に書いていました。

H　『帰ってきた日々ごはん⑤』に、その日記がありますね。

筒井　満月卵（卵黄の味噌漬け）を食べましたね。むっちゃうまかった。

高山　日本酒が好きって聞いて、冷蔵庫にあったお正月の残りの日本酒を。それで、ふたりで契《ちぎ》りの盃をしたんです。

筒井　それは覚えています。契りましたね。

A・H　契りですか⁉

高山　絵本は『どもるどだっく』を作ったのがはじまりなんですけど、中野さんと出会って、筒井くんと出会って、絵本の扉が開いた感じがしたの。筒井くんが立っていたんです、入り口の向こうに。ああ、この人なんやって。少年みたいで、中学生っぽい。子ども同士のようなところがある。そういう、中学生みたいなかわいさと、相反するギャップが、筒井くんにはある。コワイんです。コワイものがある。

筒井　コワイですか。

高山　何かありそうだなっていう、怖さ。

筒井　たしかに僕、たまにコワイって言われるんです。よく分からないけど、言われる。すごく優しいのに……。

高山　優しい。声もね、ジェントル。

筒井　テンションが一定だから、それがコワイって言われますね。僕は楽しくて、そこそこテンション上がっているのに、はたから見たらそうでもないらしくて、「目が死んでいる」って言われます。

高山 眼鏡の端っこから、ちらっと、横目で見ているよね。

筒井 あー。僕ね、人の目をまっすぐ見るのにけっこう時間がかかるんです。これでもだいぶん開かれてきたんですけどね、若いころはもっとひどかった。

高山 横目でちらっと見る目の動きが、サイとか、カバとか、動物っぽいんです。

筒井 人見知りなんでしょうね。お酒を飲んで打ち解けても、次に会ったときにはリセットしていて、関係が元に戻っている……。別に人を信用しないわけじゃないですよ、だけどけっこう回数重ねないとだめですね。

H 子どものときからですか？

筒井 子どものときはほんとひどくて、他人全員嫌いでした。自意識過剰もあったのかもしれないです。みんなに笑われている気がしていました、保育園のときから。

高山 早熟やね。

筒井 今でもよく思い出すのが、保育園の教室にちょっとした段があって、その一段が上がれないんです。みんなそこで遊んでいて、おいでおいでって言うんだけど、行けないし、行きたくない気もして、感極まって泣いた。捏造《ねつぞう》された記憶かもしれませんが……。

高山 覚えているんだ。

筒井 あんまり輪に入っていくことができないし、入りたいとも思ってなかった。今もそういうところがあります。仲のいい人たちとわーっとしゃべっていて、急に引っ込み思案になるとか。まわりは気づいてないかもしれないけど、そこにいるのに、その場から消えている。

高山 あーなんか、分かる。それ。やっぱりそうか。

A 何かあったわけじゃなくて、そうなるんですね。

筒井 そうですね、原因は特にない気がするんですけど。他人が苦手でしたね。

高山 自意識過剰なのかな。

筒井 自意識過剰はありますね。だいぶん解消されましたけど、油断すると発動します。他人の目が気になるってことはないですけど、学生時代は特にそうでした。大学はほとんど行ってなかったです。これももう完全に被害妄想ですけど、入学した途端、「大学生が嫌い」って分かったんです。たしかTシャツに毛糸のベストみたいなのが流行っていて、そういう90年代末期の流行とか、コンパでキャッキャしているのとか、とにかく何もかも気に入らなかった。なんでしょうね、あのイライラ。なんか無理だな……と思って、大学に行かず、ずっと高円寺の家にいましたね。

高山 それって、登校拒否やん。

筒井 まあ、そうですね。当時、住んでいた高円寺はそういう人を受け入れてくれる街で、いてもいい感じがあった。住んだのは偶然だけど……、いや偶然でもないか、大槻ケンヂが好きだったんです。中学生のころからよくエッセイを読んでいたんですけど、高円寺がしょっちゅう出てくるんです。「日本のインド」って言われていて、興味があったから住むときに、高円寺。

高山　「クウクウ」にも来ていましたよ。存在が目立つ方ですよね。

筒井　高円寺に住んだら頻繁にすれ違いました。メディアでは三枚目感があるけど、ふだん道で会ったら寡黙な文学青年みたいな感じで、格好いいですよね。

高山　そうそう、格好いい。

筒井　部屋にずっといて、大学には行かなかったけど、一日一回はひとりで街をぶらぶらする。ほぼ毎日行ったのが、駅前の「高円寺文庫センター」。一見、小さな街の本屋なんですけど、ディープな品揃えで。ぱらぱら読んでは本を買って、コンビニで食べものを買って帰る。

高山　それ、想像通り。今の筒井くんはそういうんじゃないところが見えているけど、その方がすんなりくる。絵本を作る人として、「目」がよくて。おもしろい人をみつける感じとか、ひらめきとか、その筒井くんと一致する。そうじゃない筒井くんがいるのが不思議。今、そう見えているだけかもしれないね、知らないだけかもしれないけど。そういうところ、すんなりくる。

筒井　とにかくずっと鬱屈していた感じはありましたね。クラスメイトもだいたい嫌いやし。嫌いっていうか、一対一ならいい人もいたけど、グループになると感じが変わったりして。

高山　ああ、群れると、ね。

筒井　社交的じゃないうえに、運動も得意じゃないし。

高山　どんくさいの？

筒井　どんくさいですよ、どんくさいっていいですね。小学生の心地よさって社交性とキャラクターと運動なんですよ。僕はどれもないから。小学生でそれは致命的ですよね。

H　筒井さんの鬱屈した思いは、どこかで発散していたんですか？

筒井　今思うと、本とか、文化にずいぶん助けられましたね。実家が本屋だったので。

高山　そうなんですか！　知らなかった。

筒井　大学に入ったころに辞めているんですけど、大阪の桃谷というところで。実家からは離れているんですけど、もともと祖父が税理士事務所をそこでやっていたんです。

高山　お父さん、本が好きだったの？

筒井　いや、そういうわけでもなくて。父は職を転々としていて。僕が生まれる何年か前はハワイ島のヒロで、日系人が多いところですが、パパイヤを輸出する仕事をしていたみたい。姉はハワイで生まれているんです。

高山　へー、ほんと。ヒロ、泊まったことがあります。

筒井　ところが祖父が亡くなって、家族を支えるために大阪へ戻って、本屋をやるんです。父が30歳くらいのころ、僕が生まれる前です。父親の妹、僕の伯母にあたる人ですが、目が見えないということもあって、自分が支えなければと思ったんでしょう。もう亡くなりましたけど、とても元気なおもしろい人でした。当時、本はいくらでも売れる時代で、少しばかりの資金と場所さえあれば勝手に品物が入ってくるので知識がなくてもできたんです。実家からは遠いけど、僕もたびたび本屋に行ったので、本は身近でした。高校生のときに「継ぐか？」って聞かれたことがあって、「俺は継げへん」って返事したので、それも店を辞める要因になったんじゃないかな。

高山　継いでいたら継いでいたで、何かおもしろかったかもしれないけど。

筒井　父親と上手くいっていないもので。

高山　会いたくないって言っていたよね。

筒井　そうなんです。もう何年も会っていません。

A　そうですか。

筒井　もちろん育ててもらって感謝はしているし、いい思い出もあるけど、いろいろなことが積み重なってダメになったので。「継ぐか？」って言われても、親のやっていることなんて考えられないわけです。その後、近所に新古本を扱う店ができることになって、売上が下がることを見越して廃業しました。テナントを入れて、本屋だったところはお菓子屋になって。古いビルでエスカレーターがないから、なかなか借り手がないみたいでしたけど、地下にはスナックが入っていて、カラオケが聞こえてくる感じ。桃谷はディープな街、鶴橋の隣の「ザ・大阪」です。大阪を煮しめたみたいなところ。『じゃりン子チエ』の世界です。いいところで、僕は好きです。たまに行きたくなりますね。

高山　お父さんに会いたくないとか、実家にずっと帰ってないとか、早いうちから聞いていたけど、ずっとふざけた話として聞いていたの。

筒井　いや、いいんですよ。ふざけて。自分もかなり客観的にその状況を見ているところがあります。

高山　筒井くん、ふざけて言うの。だけどなんかそこ、聞いていくとおもしろいの。その話、原宿の喫茶店でしていたんだよ。

筒井　おお、そうか。「リトルモア」に『たべたあい』の打ち合わせに行った帰り。

高山　そこにミニちゃんも来て。筒井くんの奥さんね。スーツケースを持って。

筒井　なおみさんの記憶力すごいですね。みなっていう名前で、小さいから誰かが「ミニ」って言い出したんです。

高山　「こーんなに小さいんですよ」って、中野さんが身ぶりで、ほんとに小さそうに言うし。筒井くんも「小さいんです」って。そしたら喫茶店に来たミニちゃんが、ほんとに、絵本の中に出てくる女の子みたいに、ちっちゃく見えて。ついたてに届かないくらいに。でも、そんなに小さくないですよ。今はそんなふうに思わないんだけど、あのときは「小さいなあ！」って。とっても可愛らしい人。お父さんの話は、そのときに聞きました。

筒井　みんなに気を使われるんですけど、僕的にはそんな悲しい話でもないから。父は家族を愛する人ではあるけど、すごく厳しい。結局、自分の思う通りにしたいんですよね。思うようになっている間は穏やかだけど、そこから子どもが外れそうになると、気にくわないので押さえつけようとする。

高山　期待していたのね。お父さん、男っぽい人なんですか？

筒井　長男ですし、かなり期待されていたと思います。父は声が大きくて、いわゆる「河内のおっさん」という感じです。実家に帰ったとき、最寄り駅の小さなホームで、「トイレに行くから、親父、先に行って」って言ったんですよ。そしたら、絶叫が聞こえてきて。何事かと思ったら、父親の声。電話でしゃべる声が絶叫なんです。携帯を持ちはじめたばかりで慣れてないから、大声で「もしもしーーー!!!」って。駅にいる全員がその会話を聞くっていう……。自分の親のそういうのが、昔は恥ずかしくて。授業参観に来てくれたとき、親と一緒にドッジボールすることになったんですよ、僕からしたら絶対嫌な企画だけど、父親は張り切ってね。それを恥ずかしいっていうのは申しわけないんですけど。

高山　お父さん、活躍しそうじゃない。

筒井　いやいや、それがそうでもないんですよ、父親は僕より小さいですからね。

高山　ほんとに？　可愛らしいじゃないですか。

筒井　いや、むずかしいな。親の話をするとおもしろい感じになるんですけど。僕もよその家の話だったらおもしろいんでしょうけどね。同級生の前でやたらはっちゃける、そういうのが恥ずかしいんですよね。

高山　ずれているの？

筒井　ずれているけど正しいと疑わない。『じゃりン子チエ』のテツみたい。ああいう憎めないところもあります。なので、なおさらややこしい。

高山　神戸に来てから「吉本新喜劇」が好きになったんだけど、そんな感じね。お父さん、お酒を飲んで酔っ払う？

筒井　お酒は好きでしたね。ハイキングに行ってペットボトルで水を飲んでいて、よくよく聞いたら中身は焼酎とか……。

A　ほんとにマンガみたいですね。

筒井　破茶滅茶なだけならまだいいんですけど、教育熱心で。公立中学に進学すると男全員丸坊主、僕はそれが嫌で私立を受験したかったんです。そしたら、父親が教育に目覚めてしまって……、滅茶苦茶な教育パパでした。父はハイキングが好きで、休みの日にしょっちゅう連れ出されたんですけど、家族みんなでお弁当を食べていると、いきなり数学の問題を出してくる。急に難問を言われたってできるわけがないのに、「なんでできひんのや!」ってドヤされて、しばかれる。

高山　なぞなぞじゃなくて、学校の問題を出すの?

筒井　受験に出るような問題です。

高山　何をするか分からないから、びくびくするね。

筒井　極端で、ややこしいです。

高山　家族となるとね。

筒井　本屋を辞めてからはビルの家賃収入で生計を立てているのに、毎日、スーツを着て出勤していたらしいです。

高山　え、どこへ?

筒井　母親に聞いたら、「聞かないようにしているの」って。本当は知っていると思うんですけどね。リストラされた人が公園でお弁当食べているという話がありますが、そんなことをする必要はないし。最近はどうしているか知らないですが、ずっと家にいるような性格じゃないから続いているんじゃないかな。

高山　……似てるわ。

筒井　え！　僕と？　マジですか！　いやいやいや！

高山　面白味が似てる。

筒井　あんまり嬉しくないですけど、育った環境には抗えないですから……。唯一本屋だったのはよかったなと思います。

高山　だけど、お父さんは本が好きではじめたんじゃないもんね。

筒井　そうです、当時は楽にはじめられる商売だったから。

高山　そこが、おもしろいよね。『じゃりン子チエ』って言うと、ピンとくる。

筒井　そういえば、本屋に『じゃりン子チエ』を毎日買いに来る人がいたそうです。近所の病院にヤクザの親分が入院していたらしくて。若いモンが毎日、まとめて買えばいいのに、一日一巻ずつ買いに来る。最後、親分が黒い車で若いモン引き連れて来て、「世話になったな」って、最新刊を買っていったって。

高山　へえ！　いい話。それお父さんに聞いたの？

筒井　僕が生まれる前の出来事ですが、いい話だと思います。本屋は万引きがしょっちゅうあるんですよね。うちの父親はめちゃこわくて、捕まった子は震え上がる。あるとき、父親に追い詰められて、万引きした中学生が本屋の2階から「飛び降りて、死にます～！」って言ったらしいんですけど、「飛び降りたらええけど、2階からやったら死なれへんからな、もっと上から飛び降りろ〜！って言うてやったんや！」って。得意げに何回も話すから覚えていますけど、おもしろい話はほんとたくさんあります。だけど、自分の父親となると、またちょっと別なんです。

A お母さんはどんな方だったんですか？

筒井 母親は東京の下町育ち、企業のゴルフコンペの優勝カップとかを作る町工場のお嬢さんです。今は分からないけど、当時は裕福だったみたいで、お茶、お花、和裁、洋裁、料理……、花嫁修業で全部習って、師範ももっていました。だけど父は亭主関白でしたから、僕からしたらもったいないスキルを眠らせていましたね。お正月には花を活けて、豪勢な料理を作って。河井寛次郎の花器がありましたよ、母が実家から持って来たんでしょうね。なんで父親と結婚したのか、分からないですね。そういえば出会いも聞いたことない……。

高山 お父さんの「吉本新喜劇」とギャップがあるね。子どものころは、本屋にある本を読んでいたの？

筒井 小学生の途中まではマンガでした。最初は『キン肉マン』、『ドラゴンボール』、『魁!!男塾』……、棚から引き抜いてバックヤードで読んでいました。

高山 本屋の本棚が家にあるなんて、いい環境だね。

筒井 あるとき、字の本を読んでみようって。たまたまタイトルが気になって、小6のころ、椎名誠の『わしらは怪しい探検隊』を読んだらおもしろかった。

高山「字の本」っていう言い方、いいね。小6で椎名誠の本、読んで分かるの？

筒井 分かりましたよ。今では僕より年下かもしれないけど、本に登場するおっさんたち、椎名誠、沢野ひとし、弁護士の木村晋介、「ドレイ」って呼ばれる編集者の澤田康彦さんとか。澤田さんは「BRUTUS」の元編集長ですけど、はじめてお会いしたとき、うっかり「ドレイ」って言いそうになりました。小学生のころから勝手に知っているから。

高山 言ったらよかったのにー、喜んでくれるんじゃないかなあ。

筒井 自分の知らない大人の文化が描かれているのがおもしろくて、そこから派生していきましたね。椎名誠のエッセイが大好きだったし、ＳＦもおもしろいですよ。その次が、中島らも。中1だったかな。

高山 うわ、早いね。

筒井 それこそ文化そのもの。ロックとか、お酒とか、映画とか。

高山 子どもなのに、分かるの？

筒井 子どもながらに、すごくおもしろかった。ドラッグのことも書いてありますけど、お酒と同じように捉えていて、単純に楽しそうでうらやましかったですね。

高山 もしかして、お酒を飲んでいたの？

筒井 小学校のころかな、父親が友だちを家に呼んで宴会をしていて、ふざけて「飲むか？」とか言うじゃないですか。「飲む！」って言って、ウイスキーをガーッと飲んで、大人たちが騒然として。「吐け、吐け」って言われて吐いた記憶があります。今でもみんな言わないだけであるんでしょうけど、当時はゆるかったから、「ビールちょっと飲んでみるか？」とか、そういうことがありましたよね。

高山　あるある、そういうこと。私もありましたよ。

筒井　酩酊《めいてい》なんてことはなかったですけど。中学生のとき、「日本酒を飲むか？」って言われて、途中、酔っ払って楽しくなった感覚は覚えています。

高山　それは、早いわ。それは中島らも、いくかも。私、お酒を飲んで、自分が外れる感じのおもしろさが分かったのは「カルマ」（東京・中野の無国籍料理店、２０１４年閉店）で働きはじめてからですよ。

筒井　おお、それは大人ですね。

高山　そうですよ。26歳のときかな。おもしろい先輩がいて、楽しかったの。その前からちょっとは飲んでいたけど、お酒を飲むと、どんどん楽しくなって、自分の中から新しいキャラクターが生まれるっていうのが分かったのは、そのときがはじめて。こういうのをお酒って言うんだなって。

筒井　覚えているのは、お酒で楽しくなっているのに、やや戸惑う感じ。今、しゃべっているけど、なんだろう、これ……っていう。それでも飲んだら、ぐるぐる回って気持ち悪いなあって。でもこの感じはバレたらあかんと思って、「部屋に戻るわ」って言って、トイレでひとり吐いたのを覚えていますね。

高山　ああ、おかしい。すごい。それは、中島らもだ。

筒井　中島らもって、すごく読みやすいですよ。

高山　読んだことないんだけど、いしいしんじさんがらもさんをすごく好きでしょ。

筒井　リスペクトしていますよね、対談もしていますし。一見、コワそうですが、らもさんはすごく優しい。弱い人、選ばれてない人への目線が優しい。自分もそうだと思っているんでしょうけど、だから鬱屈している自分にフィットしたのかな。分かってくれる人がいるという感じ。

高山　そっかそっか、だんだん霧が晴れてきたね。おもしろいね。

筒井　らもさんの話ができる友だちは当時いなくて、ひとりで読んで興奮していましたね。なんで読んだのかな、タイトルに惹かれて読んだのかな。今はちょっと忘れられた作家みたいなところがあるけど、エッセイも小説もすごくいいと思います。もう少し評価されてもいいのに。

A　らもさんには会えましたか？

筒井　高校時代、らもさんが主宰していた劇団リリパットアーミーを見に行きました。その次は、サイン会。「高円寺文庫センター」に来たんですよ。めちゃくちゃ緊張していたので、「ファンです」くらいしか言えなかったけど。

（高山さんがしいたけとフライパンを台所から運んで来る）

筒井　おお、サルノコシカケみたい！　こんな大きなもの、なかなか見ないですね。

高山　ここで焼こうかな。

筒井　いいですね。

高山　花見っぽいね。いくつで亡くなったの？　らもさん。

筒井　52歳だったかな。酔っぱらって階段から落ちたことが原因で亡くなったんですよね。らもさんらしいし、実際、エッセイにも酔っ払って階段から落ちて死ぬようなことを書いているんです。「教育画劇」に入社して、らもさんに絵本を描いてほしいって手紙を書いたんですけど、投函した次の日、マリファナで逮捕されて。あれは笑いましたね。

高山　そのころはまだ元気だった？

筒井　アル中と躁鬱病と、いろいろで、ヘロヘロだったでしょうね。後半は奥さんが口述筆記していたようです。

高山　わあ。ヨレヨレだけど、かっこいいですね。その通りに生きた人ですね。

（2本目のワインを開けて、注ぐ）

A　本を作り出してから、鬱屈したものは解消されていきました？

筒井　本を作って、おもしろい大人に出会えたことが大きかったですね。それで世界が広がって、世の中、そんな悪いものでもないんだなと思えるようになりました。直接会ったことはなかったけど、中島らもと、その周辺の人たちとか、好きな音楽家とか。仕事をはじめてからは、スズキコージさんや荒井良二さんと会って、こういう人たちって本当にいるんやなって。信用できる人たちというか、それがほんと大きかったかもしれないですね。

A　最初にそういう人たちと仕事できるって。

筒井　超ラッキーですよね。出会いには恵まれている感じはしますね、就職してからは特に。

H　ここまでお話を聞いて、本の入り口のありがたさを共有しています。筒井さんは、絵本で語られる「いい世界」っていうのが、そうじゃないっていうのが、分かっているっていうか。優しいお父さんとお母さんと子どもが描かれる、典型的ないい世界っていうのかな、そういうものを言っても仕方ないみたいな。取り組まれている絵本は、そういうのとは、違うテーマですよね。それは、満たされた子ども時代だと、見えない部分じゃないかなと思います。

高山　満たされたって、どういうものなのかな……。

A　満たされた子どもってそうそういないかも、みんなどこか欠けている気がします。

H　そう、だからみんなが幸せな絵本を読むと、比べちゃって。あまりに絵本の世界からかけ離れていると、辛いときがあるかなって。

筒井　そうですね、典型的な幸せを絵本で提示しても仕方ないかなって。自分が文化に救われたように感じてほしいとは思いますね。今がすべてじゃない。子どもの世界って狭いから、今が絶望的だと一生絶望的と思うかもしれないけど。そのことを伝えたいというのが、やっぱりありますね。

高山　あれ、まとめに入っている（笑）。

筒井　あ、こんな話はもっとあとの方がいいですか？

高山　そんなふうにまとめなくていいと思う。きっと、そういうことを考えながら、本作りをしているとは思うけど。（カセットコンロをセットする）

筒井　これ、なんの油ですか？

高山　これ、なたね油なの、熊本の。
筒井　へえ、うちはごま油か、オリーブオイルだから。
高山　今はこればっかり。おいしいの。油は新しいうちに使い切りたいから、1本あれば充分なので、オリーブオイルを使わなくなっちゃって。おすすめですよ。
筒井　覚えておきます。
高山　柑橘をシュッとするの、好きって言っていたから、どうぞ（筒井さんにスダチを手渡す）。
筒井　だいたいのもの、柑橘を搾るとおいしくなりますよね。
H　柑橘が入るとおいしいですよね。
筒井　このヅケはどんなふうに？
高山　酒、みりん、しょうゆ、柚子こしょう、それから、ごま油。
筒井　安いマグロでもおいしくなるから、僕もヅケはたまにやります。
高山　（じゅうじゅうとしいたけが焼ける音）焦げるくらいがおいしいと思う。
筒井　うま。うーん、そのまんまでもおいしいですね。
高山　バターしょうゆにもできますよ。
筒井　あーそれもいいですね。
（「おいしい」、「取りましょうか」と、みんなひたすら食べる）
高山　（筒井さんの手ぬぐいを見て）これ、いい感じになっていますね。私、たたんだとき、蝶々が見えるようにして使っています。

筒井　「nowaki」の5周年に、荒井良二さんに描いてもらったんです。手ぬぐいってプリントじゃないから、あんまり細かい絵柄だと染めるのがむずかしくて。荒井さんが一生懸命細かく描いてくれたけどできなくて、描き直してくれたんです。荒井さんは何も言ってなかったけど、一週間かけて描いてくださったって、「偕成社」の編集者の広松健児さんから聞いて。えー、ごめんなさいって。その絵はハガキにしました。

A　時間をかけて描いてくださるって、気持ちを感じますね。

筒井　「ほるぷ出版」に「イメージの森」というシリーズがあって、その中の『ユックリとジョジョニ』が、荒井良二さんの絵本の商業出版デビュー。トップバッターがスズキコージさんの『サルビルサ』。和田誠さんの『ねこのシジミ』、吉田カツさんの絵本もありました。編集者は土井章史さん。土井さんはイラストレーターや画家に自由に絵本を描いてもらう流れを作った人。「トムズボックス」の主宰者です。「イメージの森」は残念ながら当時あまり売れなくて、商業的には失敗するんですけど、今の絵本に多大な影響を与えています。僕も土井さんの、特に「イメージの森」からの影響は半端なくあります。80〜90年代初頭かな、バブルの時代ですね。

高山　土井さんがみんなやっていたの、すごい人ですね。

筒井　絵本の編集者として、土井さんがやっぱりいちばんすごいですよ。いろんな人のデビューに関わっているし。

H　土井さんはもともとどこかに所属されていたんですか？

筒井　版元には所属したことはなくて、編集プロダクションにいたことはあるみたいですけど、言わばたたき上げですよね。「トムズボックス」のフォーマットも先取りですよね。ブックギャラリーの先駆けだし、いわゆるＺＩＮＥ、個人的な小冊子を出しはじめた走りでもある気がします。土井さん自身が声高に何か言うわけではないけど、だいたい土井さんがやっている。リスペクトすべき存在ですよね。

高山　時代もあったでしょうね、まだ誰もやっていなくて。「クウクウ」にいたころ、土井さんの家には本が山と積んであるって聞いたんだけど、そしたら、筒井くんちもそうだったね。

筒井　そうですね、どうしたらいいのか。読み終わった本はときどき、頑張って売るんですよ。でないと、本当にやばくなる。高円寺に住んでいたときはもっと狭かったから、それこそ部屋一帯に本を積んで、真ん中のけもの道を通ってベッドで寝ていました。ときどき、ばさっと崩れると泣きたくなる。なんでずっとこんなに狭いんやろ……って。

高山　それ全部、読んでいるの？

筒井　積んでいるのは、だいたい読んでいるやつですね。

高山　はじめて「nowaki」に行ったとき、加藤休ミちゃんの展覧会中で。

筒井　あーあのときよく飲みましたね、『たべたあい』の打ち合わせで来られて。

高山　さっさと打ち合わせは終わっちゃうの。

筒井　「じゃあ、飲みましょう！」ってね。

高山　筒井くんとの打ち合わせって、すごく早いの。中野さんが、いつも兵庫の奥からはるばる京都へ打ち合わせに来られるんだけど、「筒井さんとワインを飲んでいるだけですよ、それが打ち合わせ」って言っていらして、憧れだったの。いいなあ、それやってみたい、どんな感じだろうと思って。そしたら、その通りだった。

筒井　どうやら僕の打ち合わせは早いらしいですね。でもちゃんと真面目にやっているんですよ。

高山　そう、大事なところをきゅっとやって、あとは作家に任せている感じがあります。みなさんに対してかどうかは知らないけれど、じゃましないようにされている感じがしました。『たべたあい』のとき、私も中野さんから絵が出てくるのをじゃましないようにしていました。中野さんって、あんまりまわりから言われると、描けなくなってしまう人じゃないかと勝手に思っていて。今はそんなこと関係なく、描ける人だって分かったけど。言っちゃいけないいんじゃないかなって、当時は気をつけていました。

筒井　なおみさん、そういう感じはあったかもしれないですね。作家によって仕事の仕方はいろいろだけど、ここまで踏み込んだらダメだなっていうポイントが絶対にあるんですよね。実際、そこに踏み込まない方がおもしろいものができる。だから、そのまわりでなんとなくディレクションするというか。「コア」みたいなところには踏み込まない。作家が何かを変えるのであれば作家の意思で変えたって思ってほしいんですよね。

高山　当然ですよね、それは。

筒井　「ここがこう変わればいいな」というときにも、基本的にはそれそのものは言わずにふだんの雑談なんかで話を向ける。はっきり言った方がいいときは言いますけど。

高山　筒井くんには見えているの？「こうなったらいいな」っていうのが。

筒井　うーん。「こうなったらいいな」はあるけど、一方で、その通りではつまらないんですよね。

高山　あー。

筒井　いい作家は、それをきっかけに超えてきてくれる。「こうなったらいいな」にするために、作家とやりとりをするんじゃなくて、自分の思っているものを超えてもらってもっといいものにするために、「こうなったらいいな」を伝える感じですね。僕の言う通りにしたらたぶん、おもしろくない。編集者は編集者で、作家ではないから。もしかしたら厳しいと思う人もいるかもしれないけど、僕が思うことくらいは超えてほしいわけですよ、作家だから。

高山　そうやね。

筒井　いい作家はちゃんとそれを分かって、超えてきてくれます。僕が言うことは考えるきっかけに過ぎなくて。思うことを汲み取って「超えてくれ」と思いながら、自分が思ういい方法はこれだろうというものを例えとして言います。指針を示すだけでどんなふうに描けばいいかまでは言いません。それをやるもやらないも、作家が考えた末ならいい。来たものを受け入れるのみですけど。

高山　『たべたあい』のときもひとつありましたね。目をつぶっている場面を挟んだらどうでしょうって。だけど、どんな絵が出てくるかはまったく分からなかったですよね。

筒井　あー、そうですね。あそこで、やっぱり欲しかったですね。まぶたの裏のイメージの世界。だけど、どんなふうに描いたらいいかまでは言わない。

高山　そうでしたね。思い出してきた、『たべたあい』のときのこと。なんか、筒井くんの、謎が解けてきたね。ミロコマチコちゃんとはどうやって？　活躍されるだろうことは見えていた？

筒井　ミロコさんの絵って、ひと昔前なら「コワイ」って言われて企画が通らない絵なんですよね。話題にはなるだろうし、ロングでちょっとずついくだろうとは思いましたけど、あそこまで一気にいくとは想像もしなかったです。

高山　お話もおもしろいです。私は『ぼくのふとんは うみでできている』が好きです。

筒井　おもしろいですね、でもああいうお話を書くというのも、思ってもみなかったです。最初に紹介してくれたのは、絵本編集者の小野明さん。おもしろい絵を描く子が大阪にいて、東京に移るって言うから、会ってみないかって。そのとき現れたのが、ミロコマチコさん。ファイルを見て、なんとなく気になって、彼女の展示があると見に行きました。出会ったのは2008年。そのころに描いていたのは、女の子が大口を開いて、絶叫している絵。口の中は真っ黒。彼女の内面そのままみたいで。おもしろいけど、絵本にはどうかなって感じでした。しばらくして、急に動物の絵を描きはじめて。そこから、彼女の絵が開かれた感じがしました。それまでの絵は、自己表現。女の子は完全に自画像だったと思うから。自己表現じゃない絵は、それではじめて描いたんじゃないかな。ミロコさんをずっと追いかけていたけど、本格的に興味を持ったのはそれからです。そのころから、他にも編集者が見に来るようになっていましたね。

高山　そこの違いって、どういうところですか。自己表現との違い。

筒井　すごく個人的な表現をしていて、おもしろいけど広がりがあるかというと、それはまた別。ミロコさんは、何か自分以外のものに興味を持って、やってみようと思ったんでしょうね。もちろん自分の何かと重ねたと思うけど、それがおもしろい絵になった。僕が勝手に推測することですけど。

高山　自分そのものを出すのは簡単じゃないですか。そういう人はいっぱいいると思うんですけど、作家の、そこらへんの変換って、なんでしょうね。

筒井　なんでしょうね、あれは見ていてはっきりありましたね。ミロコさんからしたら「そんなに分かりやすくない」って言いそうだけど、こっちからすると腑に落ちた。まず絵を描く喜びが、そこにあるなって思って。個人の自己表現ではない、こっちにも開かれた表現があるなって。

高山　そこがなんだか知りたい。

筒井　今も個人的な表現ではあると思うけど、自己の何かだけを表現するのではないものがありますよね。

高山　そうか。でも、いまだに分かんないんですよ。「開かれる」っていうことも分かんないんですよ。そういうところを見てくださるのが、編集者の仕事でしょうね。

筒井　本でいうと、そうですね。何千部と刷って、その作家のことを知らない人に読んでもらおうっていうんですから。

高山　絵を描く人たちって、もともとは自分のことじゃないですか。口の中が黒いっていうのも。読者としてはそれが見たい、だけどあまりに黒過ぎると、見られないっていう人もたくさんいて。だけど、それをできる作家とできない作家があるじゃない。あ、それをできる人を作家というのか。

筒井　作家の定義の仕方もいろいろあるけど。誰に知られるでもなく黙々と描いて、死後に知られる人もいますよね。アウトサイダーアートのヘンリー・ダーガーとか、シュヴァルの理想宮とか。見せるつもりもなくやっているわけで。

高山　宮沢賢治もそうだよね。

筒井　だけど、僕らはそれを見て感動する。それも作家ですよね。ミロコさんは、自分の内面を、動物という素材に託すことができた。最初は意識してやったわけじゃなく、単に興味を持ってやったんだと思いますけど。個人の表現にとどまらない、他人が楽しむ可能性が広がったんですよね。

A　中野真典さんはどんなふうですか？

高山　中野さんはミロコさんとは違いますよね。絵本作家というより、絵描きというか。

筒井　中野さんか、むずかしいですね。長い付き合いで、仲もいいですけど。絵本『おもいで』を作ったのが2008年くらいだから、10年ちょい。だけど、分かんないですね。

A　分かんない、ですか？

筒井　児童文学雑誌「ざわざわ」で内田麟太郎さんの特集があって、内田さんが推す作家として、中野さんのことを書いてって言われたんですけど、むずかしかったです。結局、「分からない」ってことをずっと書いているんですよ。

高山　読みました。すごくおもしろかった。筒井くんの文はいいなあって思いました。「分からない」ということをそのまま書いていて、最後まで答えがない。

筒井　わ、ほんとですか？　中野さんは飄々とした不思議な人で。最近、人間味は増している気はしますね。なおみさんと会ってからの中野さんはちょっと違いますよ。より人間になった。いろんな日々起こることに対しての弱音とか、今まで聞いたことなかったけど、少し口にするようになったんじゃないかな。その境目はなおみさんと会ってからという気がします。出会ったころは、この世の人かどうかみたいな感じでしたよ。

高山　えー、そうですか？

A　おふたりどちらもが、そんな中野さんに惹かれているんですね。

高山　また別の方向からたぶん、惹かれているんだと思う。

H　筒井さんは、絵本のことを全然知らなくて仕事をはじめて、ずっと続けているっていうことは、ご自分になじんだってことですか。ずっとおもしろいですか？

筒井　ずっとおもしろいですね。絵本のことを全然知らなくて、本当によく「教育画劇」に受かったなって思いますね。大学6年になりかけて、かろうじて5年で卒業してから、就職活動していなかったことに気づいて、雑誌で見た求人で最初は編集プロダクションに入ったんです。当時ビジネス雑誌になっていた「宝島」とか、週刊誌や情報誌をやっているところで。池袋の食べ歩き取材なんかをしましたけど、しんどくて。結局、在籍実質一ヶ月。出社拒否になって行かなくなりました。次に入ったのが、「教育画劇」。絵本や紙芝居を作っている、出版社です。面接で「どんな絵本が好きですか?」って聞かれても分からなくて。当時、ダウンタウンが好きだったので、「ダウンタウンが好きです」って言ったんです。「ダウンタウンと言っても、松本人志が好きなんです」って。そしたら、「浜田さんはダメですか」って聞かれたので、僕の思うダウンタウン論を述べました。

高山　えー、どう言ったの?

筒井　松本人志のボケは決して分かりやすいわけではなく、浜田のツッコミがそれを翻訳しているんですって。俺、なんでこんな話しているんやろう、これはもう落ちたなって思いながら。そしたら「受かりました」って電話があったんです。絵本にまったく興味がない状態で入ったので、最初の仕事は「教育画劇」の絵本を片っ端から読むこと。一週間くらいかけて読みましたけど、おもしろくなかった。ふわっとしていて、いい話で、ちょっと泣けるとかばかりで。そんな中で、びっくりしたのが、長新太さんの絵本。なんだか分からない、意味が分からないおもしろさがある。絵本ってこんなことができるのかって思いましたね。入社当時は、たまたま編集者が一斉に会社を辞めるタイミングで、手をあげれば好きな作家を担当できた。それで、ふつうならありえないですが、いきなり名のある作家を担当することができたんです。スズキコージさん、荒井良二さん、井上洋介さん、それから長新太さん……。コージさんとは毎晩のように飲みに行きました、たぶん絵本編集者らしからぬ若い男が新鮮だったんじゃないのかな。

高山　へえ、そうだったのか。

筒井　なおみさんにサインをもらおうと思って『あの日からの或る日の絵とことば』を持ってきました。この本に参加した作家全員のサインを集めるのが目標なんです。

高山　わあ。もう何人か書いているね。あ、この本の話をしましょう。筒井くんが編集した本で、3・11の出来事をさまざまな作家が書いています。私もそのひとり。どうしてこういう本を出そうと思ったんですか?

筒井　あるときから気になっていたんですけど、東日本大震災以降、絵本の表現の中で、今までなかったものが出てくるようになったなって思っていたんですよね。象徴的なのが、ミロコマチコさん。ミロコさんの絵はこれまでの絵本ではかなり強い。以前なら「コワイ」って言われたと思います。

A　さっきも話されていましたね。そんなふうに震災後の変化として感じるんですね。

筒井　もちろん娯楽の中の刺激が強くなって、絵本の表現において求められているものが変わってきたというのはあります。だけど、ミロコマチコが出て、『怪談えほん』(宮部みゆきや京極夏彦らによる、岩崎書店のシリーズ)が受け入れられて……、それはやっぱり震災以降の変化だと思いますね。

高山　いつ死んでもおかしくないってことを、みんなが思うようになったっていうこと?

筒井　はっきりとした理由は分からないけど、あのころに見聞きした、もしくは想像したイメージがみんなにあると思うんです。震災以降、わき上がってきた感情とか、強烈過ぎたと思うんです。

高山　ひとりひとり、思わない人まで思ったよね。思っている人はずっと思っていただろうけど。ふだん考えない人まで、死ぬかもって。

筒井　自分の存在がなくなっちゃうかもとかね。

高山　なんで生きてきたんだろうとか。

筒井　あの日にみんな見ているわけですよね、東北が呑み込まれるのを。そのあとのこともね。まさか生きている間に原発が爆発する風景を見るとは思わない。考えていない、強烈な風景ですよね。

高山　だけど、本橋成一さん（写真家・映画監督）のような方が、昔からずっと言っていたんだよね。

筒井　そう、ずっと言っていたんです。もちろんそれを知っていて分かっているけど、実感はなかったですよね。

高山　思わないようにしていますよね。本橋さんの世界もすごくきれいで。映画も、遠いですよね、おとぎ話みたいになっていた。

筒井　見ていて、感じているけど、今思うと、遠かったんですよね。どこか他人事で、自分の暮らしに降りかかってくるとは思っていなかった。

高山　私たちはとっくに知っていたはずだったのに。子どものころから、いつかはこの世界が壊れてもおかしくないだろうって、脆《あや》ういと分かっていたはずなのに。はじめて東京が揺れて、ようやく気づいたんだと思う。だけど結局、机の下に潜るくらいで、自分も何もできなかった。

筒井　僕は大阪出身なので、１９９５年の阪神・淡路大震災をかすめるくらいには経験しているんです。高1のときです。人生初の揺れでした。びっくりして飛び起きたけど、家の中のものが落ちることはなくて。大変なことになっているとは思わず、そのまま寝て、翌朝、テレビをつけたら神戸が燃えていたという。

高山　ちょうど、オウム真理教の事件もあった年。

筒井　そうです。あのころ、閉塞感はあったけど、あくまで僕個人のものだったんです。それが、震災があって、地下鉄サリン事件があって、今後ずっと生きていくのはどうやらしんどいぞって思いましたね。だから１９９５年は、僕は印象的です。90年代後半の、あの空気は忘れない。だけど結局、このままこの感じでいくのかなって。「生きづらいな」と思いながら、だらだら時代が続くんだろうなって。そのころ、『終わりなき日常を生きろ』（宮台真司著）とか、岡崎京子を読んでいましたね。岡崎京子は大好きです、読んだのは高円寺に住んでからですが。

高山　大好きですか、そうですか。岡崎京子さん。ちゃんと読んでないな。

筒井　それこそ僕の世界は全部、高円寺で作られたに近い。岡崎京子に出会って、マンガはつげ義春、諸星大二郎、やまだないと、南Q太、高野文子……。１９９８年にガロの後継の「アックス」が創刊されるんです。それまで僕が読んでいたのはメジャー誌に載るものでしたけど、そうじゃないマンガの表現に触れたのは、高円寺に住んで、あの本屋に通い出してからです。マンガへの世界が開かれた時期でしたね。『あの日からの或る日の絵とことば』に参加してくれた、「おにぎりパーティー」の本秀康さんもそうですね。

高山　あー、あのずっとおにぎり作っている！

筒井　震災のとき「どうしていました？」って聞いたら、「俺さ、怖くてさ、ずっとおにぎりを握ってたんだよね」って言っていて爆笑したんですけど、こういうことやったんやなって。

高山　おにぎり、おいしそうだった。

筒井　届いた原稿を見て、そうそう、こういうリアルもあるよなと感じました。あれよかったですね。神戸と東北の震災の決定的な違いは、津波と原発ですけど、個人的には、東日本大震災のときに「この感じ、味わったことがある」と思ったんです。阪神・淡路大震災のとき、大阪にいたと言うと、「大変でした？」って聞かれるんですが、揺れたけどそんなに大変じゃなかったんです。ライフラインが止まったわけではないし、被災まではしていない。それと、東京で味わったあの震災は、距離感的に似ているんですよね。だからか、やっぱり同じ気持ちになりました。気持ちの距離感が似ていた。

高山　そうなんだ、気持ちの距離感。

筒井　神戸のときよりも東京の方が揺れて大変だったけど、被害がないと言えばない。後ろめたさみたいなものが、大阪にいて感じたのと同じでした。大変な目にあったけど、被災地を思えば、語るなんてできない。スズキコージさんや絵本作家たちと「ぼくらの原始力展」というのをやったり、デモに参加したり……、原発反対のような大きなスローガンを言うことはありました。だけど、もっと根本の、個人的な気持ちは、僕も、まわりの誰も、話さなかったんですよね。なんだか言いづらかった。原発反対みたいな大きなことは言えるけど、もっと内側の、後ろめたさとか、逡巡とか、そういうことは親しい人とも話さなかった。さっきお話しした、絵本の変化が気になるということも自分の中で重なって。もしかしたら「語る資格がない」と思っていた僕らの気持ち、出来事が、日本人に実は大きな影響を与えているんじゃないかって思ったんですよね。そこが発端になりました。

高山　そうですか。

筒井　「創元社」の編集者・坂上祐介くんと知り合って、何か一緒にやろうという話になったときに、出てきたキーワードが「震災」。自分の思うところをざっと話したら、「震災についていろんな作家さんに話を聞くというのはどうですか」って、坂上くんが投げかけてくれたんです。それならできるし、必要なことだと思いました。大きなスローガンを言う人もいるだろうけど、なるべく個人的な話。話す価値がないと、本人が思うような話を集めるのがいいんじゃないかって思ったんですよね。僕は、社会学や民俗学の本を読むのが好きですが、ああいう本は、個人の話の採集なんです。

高山　「個人の話の採集」って、おもしろい言い方ね。筒井くんに以前勧めてもらった、『ピダハン』もそうだよね。

筒井　社会学の基本は人の話を集める、フィールドワーク。なんてことのない、断片的な話を集めて、そこから何が見えるかということをしているんですけど、僕はそういうものが好きで。今日持ってきた、この本もそうですね、岸政彦の『断片的なものの社会学』。すごくいい本です。何という結論があるわけじゃないけど。ふつうなら打ち捨てられて見向きもされないような、個人の思いを採集すれば、何かが見えるんじゃないかという思いはすごくあって。『あの日からの或る日の絵とことば』もなんとなくそこをイメージしましたね。２０１０年代、あのころの日本人は何を考えていたか。これはその資料にいずれなり得ると思うんです。

高山　「震災の」と言われると、やるしかないじゃないですか。厳しい切り口だと思いました。みんなちょっと静かにして、真面目に書いてみましょうかって。ふだん、絵で表現していている人も、言葉にしてみようって、そう思わせられる。そういう、問いかけですよね。きっかけが「震災」だったというだけで、自分の中心に向かわざるをえなくなる。裸にさせられる。やっぱりなまなましい。私ね、個人的には加藤休ミちゃんのがすごくよかった。ハダタカヒトくんのもよかった。

筒井　僕も大好きです。加藤休ミさんの、すごいです。これだけ改行ゼロで載せたんですよ。読んでも、読んでも、改行しようがない。このグルーブ感なんやろうって。改行したらうそになるなって。

高山　ああ、分かります。

筒井　ハダくんはこういう文章を書くなんて思っていなくて。絵が好きだし、この世代の作家に入ってほしくて頼んだら、創作の根っこを見せてくれた。こういう視点でものを描いているんだなって。それが、この本のやりたいこととシンクロするんですよね、ふだん見過ごすような視点があって。

高山　若い子みんな、正直だったね。これはみんな、心を試されていますよね。

筒井　若い人たちの、どれも刺さると思います。これが、同時代性かなって。

高山　そう思う。私、気になっている若い子がいるんです。写真家の齋藤陽道くんが撮影したの、音楽なんだけど。ちょっと、今かけてみますね。(高山さんの机へ移動。パソコンを開き、YouTubeで『HOLY DAY』のミュージックビデオを観る)

筒井　ああ、マヒトゥ・ザ・ピーポー！　この人、すごいですよね。

高山　ああ、やっぱり知ってた。おもしろいよね、この人。

筒井　手作り靴屋「uzura」さんに勧められて聴きはじめました。

高山　１９８９年生まれ。言葉がいいの。声も、いい。隙間や、かすれがある。陽道くんが撮っているから、それで知ったの。

筒井　それくらいの人たち、だいぶん希望を感じますよ。うそをつかない。本当のことを言っていると感じます。

高山　マヒトゥ・ザ・ピーポー、まだ途中という感じがするでしょう。破綻している。破綻しているの、好き(笑)。

筒井　歌詞とか、音楽とか、具体的で。なんか強いですよね。今の音楽だなっていう気がします、今の若い人の表現にはこういう強さがある。音楽でいちばん感じるかな、その強さは。

やっぱりそこに勝ちたいなって思うんですよね、絵本で。

高山　若い子って、ずっと音楽を聴いているもんね。

筒井　僕もいっぱい聴くけどそれとは全然違うと思う。若い子が聴いている音楽は、テンポが速くて、情報量がとにかく多くて。言葉も具体的で強度も高いという印象があります。

高山　それは騒がしいだけじゃなくて、詰まっているの？

筒井　そうですね、情報量が多くて、かつクオリティが高いです。今の映画もそうかもしれない。僕らからすると余白がないような気がしますけど、若い人たちにとっては、それが彼らのリズムなのかなって。単に、いい、悪いではなく。

高山　そうね。

筒井　そこに、今までと同じ絵本で勝てるのか。絵本だけ、変わらないわけにいかないですよね。みんなの受けている刺激が変わっていく中で、同じようなものを作っていても、いいものだと思っていても退屈かもしれない。やっぱり「俗なもの」と闘いたいというのはあります。

高山　それは鉄則！

筒井　その中でも埋もれないものを作らないと。絵本は世代を超えるって言っていても。『ぐりとぐら』だって、そのうち古くなる。

高山　えー、『ぐりとぐら』はずっと残らないんですか？

筒井　どうなんでしょう、分からないけどそれはかなり楽観的だと思います。『ぐりとぐら』や『はじめてのおつかい』は普遍的なものではあるけど……。

高山　残らないと思っているんですか？

筒井　残らないと思っているわけではないけど、ずっと残ると無垢に考えるのはかなり楽観的だと思います。

高山　へえーすごい、おかしい。そんなことを言う編集者、嬉しいわ。

筒井　ちゃんと絵本に携わる人が同時代性を考えないとまずいだろうなって思います。普遍性を先に立たせなくても、いい表現には普遍性が宿るので。ビートルズが普遍性を先に考えていたとは思えないですよね。誰もやっていない、とんがった表現をやってやろうって、その挙句があれで、今に続いていると思うと。そこを考えていかないと絵本、やばいなって。

高山　おっかしい、おもしろい。つい最近、実家に帰っていて。本棚にあった古い本をもらってきたの。それが、おっかしいの（本を探して、持って来る）。石井桃子さんといぬいとみこさんの『子どもと文学』という本。小さい子がどうやって絵本に入っていくかとか書いてあるんだけど。作家のことを真正面からけなしているの。ほめているのは、宮沢賢治だけ。

筒井　へえ、児童文学者ひとりひとりについて、語っているんだ。

高山　小川未明なんて、けちょんけちょん。私は好きなんですけど、小川未明。

筒井　最初が小川未明、浜田広介、坪田譲治、新美南吉……、みんなダメで、宮沢賢治だけほめられているんですか。

高山　そのほめ方も、頭からほめているんじゃなく、微妙なの。勉強になりましたよ、これ。おもしろい。

筒井　こういうの、何も読んでないんですよ。ほんとにふわっと入ったので、絵本や児童文学について勉強していない。今、読むといいかもしれないですね。最初にこんなん読まない方がいいと思うんです。なんの先入観もなく、いきなり長新太だったのが、僕はよかったんだけど。

高山　いきなり、長新太って言っても。子どものときに、らもさん読んでいるし、ちっともいきなりじゃないけどね。文化にさらされているから。

筒井　そうですね。それで文化を知って。

高山　お父さんも文化だよね。

筒井　当時はそんなふうには思えなかったですけど。中島らもとか読んでいるの、父親はすごく嫌そうでしたよ。僕の読んでいる本を見て、「なんやそんなしょうもないもん」って。だから、何を読んでも見つからないようにしていました。否定されるから。否定されるのは分かっているけど、言われて気分がいいものではないですよね。ザ・ブルーハーツも気づかれないように。

高山　小学生で聴いていたの？

筒井　小学5年のとき、『YOUNG AND PRETTY』ってアルバムを聴いたのが最初です。BOØWYは全盛でしたけど、聴かなかったですよ。

高山　小学6年のときは加トちゃんだった。

筒井　『加トちゃんケンちゃんごきげんテレビ』も見ていましたよ。その一方でね。

A　（『子どもと文学』のページをめくり）中にいっぱい線が引いてありますね。

高山　母は幼稚園の先生だから勉強していたみたい。

筒井　じゃあ、なおみさんが絵本を作るって、お母さんにはすごく嬉しいことですよね。

高山　そうみたい。いちばん喜んでくれてます。

筒井　なおみさん、そういえばなんで絵本だったんですか。意外と聞いたことないですね。

高山　「絵本を作りませんか」って、言われたから。「ブロンズ新社」の佐川祥子さんから。

A　それで、『どもるどだっく』を作ったんですね。もともと自分の中に絵本をやりたい気持ちはなかったですか？

高山　以前、『アンドゥ』という絵本をやって。渡邉良重さんの絵に言葉をつけて、ひとつの物語にしたの。すごく楽しかったんですよ。だけど、そのときは、絵本を作っているつもりじゃなかったの。それから、『どもるどだっく』が来て。……たぶん、中野さんだと思う。絵本っていうだけでは、そんなに動かされなかったんじゃないかな。絵本っていうものが、もっとちっちゃいと思っていたんです。

筒井　表現の器として？

高山　うん、ちっちゃいというか、当てはまらないだろうなって。それが、やってみたら、「絵」っていうものがあるんだなって、思ったんです。絵本というより、「絵」。言葉とか、お話とか、物語とかじゃなくて、「絵」で表れるものがあるんだなって。中野さんの絵を見て、思いました。

筒井　絵本を作るアプローチとして、それはすごくいいですね。

高山　『どもるどだっく』という宿題をもらって、こっちはもうギリギリだったんです。絵描きさんは誰がいいんだろうって。それで、図書館で『おもいで』をみつけて。そのときは、かすかだったんですよ。表せないはずのものを、かすかに、表わせる人という感じがしたんです。中野真典さんという画家がね。表せないものを表わせるなら、おもしろいですよね。絵本だろうがなんだろうが、料理本でもなんでも。料理本でも私は、そういうことばかりやってきたから。

筒井　絵本と近しいところにはずっといたんですよね。

高山　そう、子どものころから身近だった。好きだったたし。だからこそ、「うーん?」って。高校生のころ、絵本のことをいいな、おもしろいなって思っていた時期はあったと思います。長谷川集平さんの『はせがわくんきらいや』や、田島征三さんの『ふきまんぶく』、『やぎのしずか』とか、もう、大好きでした。あの時代の絵本。今でも好きです。なんか、見たことないものが生まれている感じがした。だけど、それから何十年かたって、絵本の棚に並んでいる新しい絵本は、どれも「子どもの世界って、こんなもんなんじゃない?」、という、そんな本ばかりに見えたんです。私が知らないだけなのかもしれないけれど。だから、絵本というジャンルじゃないんですよ。宿題をもらったときも、絵本と思っていなかったんです。絵本をやるというより、「なんかやろう、やらなくちゃ」というせっぱつまった気持ちだった。でも、絵本だから、絵をつけなきゃならない。それではじめは自分で描こうとしたんだけど、あまりにも下手で、できなくて。絵本のお話がいくら見えていても、だめなんです。だから絵本作家って、よっぽどだと思うんだけど。いくら見えていたとしても、絵本にはならないじゃない、もっと、超えるんですよね。

高山　言葉で書いているものを、超えてほしい。超えないと、表せない。

筒井　そうですね、まさに。

筒井　僕は編集者なので、それを「やれ」って言う側ですけど、しんどいだろうなって思います。

高山　そのしんどさは、嬉しいですよ。

筒井　それは、作家ですね。

高山　まさに、そのために生きてきたみたいな宿題です。『あの日からの或る日の絵とことば』の原稿を筒井くんに送ったとき、ほめてくださって。「なおみさんの詩、いいですね。言葉がいいなあ。もっと、書いてみませんか。書きためておいてください。本にしましょう」って言ってくれましたよね。あのとき、私、声が変だったでしょう。ちょうど新しい絵本の企画がなかなか通らなくて、よく分からなくなっていたときでもあったので、すごく嬉しかったんです。泣きそうなくらいに。

筒井　送っていただいた詩、『神の戸』がすごくいいって言って。電話したんですよね。

高山　筒井くんに言われると、嬉しいんです。なんででしょうね。自分では、私の詩がいいなんて思ってないし、ほめられようが、どうしようが、私は変わらないんだけど。嬉しい。編集者の、そういうの、意外と嬉しい。どきどきしながらひとりで書いているから、孤独のときに、本当に嬉しい。孤独っていうかね、そういうのを好んでやっているんですけどね。

筒井 原稿が届いて、よかったから。もちろん、届いたらメールなり、返事をするんですけど。あのときは、電話しようって思ったんです。なおみさんには、電話がいいと思いました。そんなふうに思ってくださっていたとは。

高山 ……こんな感じで続いていくんでしょうね。この対談が終わって、筒井くんのことを知ったような感じがしながら、また知らないみたいになって。

筒井 僕のことは今日でだいぶん知ったんじゃないんですか。

高山 知らない……、たぶんまた忘れますよ（一同・笑）。いつか、お父さんに会いたいです。

筒井 いやあ、どうかな。

高山 10年後とか。

筒井 うーん、いろいろありましたし、難しいかなと思いますが……。とにかく、実家が本屋だったっていうのは、僕の人生を助けていますね。中島らもとの出会いもそうですけど。

高山 あれ、なんか、まとめている？

筒井 いやいや、僕は何もまとめたりしないですよ。

高山 お父さんはたまたま本屋だったんだから。筒井くんはもう編集者としてできているんだから、親父が本屋だったからって、それで今があるみたいに、いい話みたいに言わなくていいじゃない。たまたまなんだもん。

筒井 それはそうなんですけど。僕は大学6年がほぼ決定していたのを、泣き落としでなんとか5年で卒業したので、就職活動なんてしたことなくて。じゃあ、どこに就職しようってなったときに、「本」って思った。それはやっぱり自分の環境ですよね。

高山 あ、そうか。

筒井 ジレンマですけどね。全力で自分の出自から逃れたいけど、結局、何もやっていないから。大学で何かやっていればそこから逃れられたかもしれないけど、5年間何も積み上げて来なかった。自分にあるのは「本」だけだったんですよ。そこは、非常にアンビバレンツなものがあります。

高山 でもそのときは、まだ若かったからでしょう。今もそんなふうに思うの？　本って、じゃあ、筒井くんにとってどういうものなの？

筒井 いいも悪いもひっくるめて、僕にとっては、呪いです。

A 呪いですか⁉

筒井 はい。僕にとって、本は呪いです。好きやけど、僕にとっては一生逃れられないものとして、本があります。父親が偶然はじめた商売だけど、本という存在と出会って、悪魔の契約みたいなものを、本と交わした気がします。なので、逃れられないんです。「本が好き？」と聞かれると「好き」と答えるし、実際大好きですが、同時にほろ苦い気持ちもあります。

高山 「契約」って、そういうふうに聞くと、いい言葉だね。

筒井 小学生のときに本と契って、その後、そのことをすっかり忘れて、自堕落に暮らしていましたけど。長新太と出会って、絵本がすごいなと思ったときに、もう一度、絵本と契約したんだと思います。

高山　長新太と出会って、絵本がすごいなって。それは、どういうふうに思ったんですか？

筒井　理屈とかじゃないものを提示してくれているというか。社会常識にのっとって作られたものではなく、もっと根源的なものを見ている感じがしました。それまで、絵本って意識していなくて、「教育画劇」に入って読んだ本は単にいい話としか思えなかったけど。

高山　長さんのって、どういうふうに言いましょうか……。

筒井　いや、僕も言えないです。ただ、人間の感覚って本来こういうものかも知れないなと思ったりはします。あ、長新太さんの究極と思う本を持ってきました、『ちへいせんのみえるところ』。最初に感動した本とは違うんですけど、これは究極だと思う。1978年に出版されて、現在は、「ビリケン出版」からの復刊です。

高山　『くもの日記ちょう』も、すごーくいいよね、土井さんが編集した。

筒井　『くもの日記ちょう』は最高ですよね。作家の晩年の心象風景をうまくスケッチしたというと、冷酷かもしれないけど。

高山　冷酷やね。

筒井　でも、そういう本だと思うんです。

高山　だけど、晩年の作品なんて知らなくても、あれは最高ですよ。

筒井　もちろん感動します。だけど長新太って、それまであいうことを言ってこなかった作家だから。

高山　『そよそよとかぜがふいている』も晩年。

筒井　これは、長新太が最後に思い切り長新太をやった気がするんです。分かんないですよ、どう思って作ったかっていう話は、長さんとしていないですけど。『くもの日記ちょう』の、ああいう心情を吐露する絵本を作るって、すごく意義があって、好きな絵本ですけど。『そよそよとかぜがふいている』は、長新太のナンセンスが全開で。やっていることが超過激で、ここに長新太の矜持《きょうじ》があるなって思います。僕は入院しているって知っていたから、タイトルだけ聞いたときには「最後の……」って思いましたけど、届いたのはこれ。さすがですよね。こちらの想像なんて軽々と超えてくる。そのあと何冊か絵本が出ているけど、最後に思い切り長新太をやった、ある意味、遺作だと勝手に思っています。

高山　これを読んで、最後だなんて、ちっとも思わないですよ。

筒井　それは、この絵本にとって大成功です。

高山　みんながこんなふうに死ねたらいいですよ。うちの母も、こんなふうにして死んでいくんだろうなって思います。

筒井　こういう境地に、生きているうちにいけたらいいですよね。

高山　そういう本ですよ。これ全部そのままそうなっていますよ。

筒井　今までやってきたことと心持ちが合わさっているっていうことですよね。長新太がやってきたことがここに。

高山　そう、死ぬだろうがなんだろうが関係ない。これは名作ですよ。

筒井　ありがとうございます。この本が担当できたのはただただラッキー、タイミングがよかったとしか言えないです。
高山　ちらし寿司、おかわりしてくださいね。お汁もできているんだよ。
H　お汁、温めますね。贅沢なちらし寿司でした。食べるところによって、甘みがあったり、ちょっと辛いのがあったり。
高山　よかった！　そうだ、『あの日からの或る日の絵とことば』にサインしましょうか。これは、自分では、書いているときにはどんな本か分からなくて。出来上がったときはびりました。こういう本だったんだ、こういうことを求められていたんだって。
筒井　あ、そうですか。たぶん、全員そうだったんじゃないかな。他の人が何を書いているか知らない状態だったので。
高山　こういうのってさ……、私、恥ずかしかったです。たくさんの人が震災の現場そのものを書いていて。私も現場のこと、あるんですよ。だけど、ずらして書いていて。中野さんのも、すごくよかった。中野さんもずらして書いているんだけど、痛さが、核心から逃げていないんです。感動して泣きました。
筒井　必ず現場のことを書かなければいけない本でもないし、誰もが当事者でもないですから。
高山　ずらしたのは、何年たっても読めるようにという気持ちがあったからなんだけど。思いの外、現場のことが多かった。だけど、みんな精一杯書いているじゃないですか。あの人たちもよかった、tupera tupera《ツペラツペラ》。

筒井　素直にまっすぐ書いてくれていますよね。夫婦喧嘩したことまで。

高山　みんな、よかったですね。ほんと、宿題ですよ、絵描きや、お話を書く人たちに対して。

筒井　こういうことをちゃんと考えないと、これから絵本を作れないだろうなって。こんなにも、震災以降、あの日以降、心持ちが変わっているのに、同じように絵本を作るってできない気がして。変わらず作るためにも、一度これをやりたいっていうのはありましたね。いろんな記録になるだろうという気もしたけど、それは結果論で。これを考えないで絵本を作るのは、無理だろうって。なおみさんにも参加してほしかったですよ。近年、すごい勢いで絵本界に入ってこられたっていう印象で。絵本に何かを感じているんだろうなって。現代絵本というときに外せない。

A　ここを通過することが大事だったんですね、さっき話にあった、音楽のように。

筒井　そうですね、こういうのを通過した、今の表現をやりたいですよね。音楽では若い人たちが明らかにやっている。絵本が変わらないままでいいのか。ロングセラーを売っているのでいいのか。絶対通用しなくなると、僕は思っているので。反感を買うかもしれないけど、こんなに表現が変わっているのに、絵本が伝統的なそのままでいられるわけがなくて。

A　変わるものがあるから、伝統があるというのもありますもんね。

筒井　もちろん、そうですね。５年くらい前かな、クラムボンのミトくんが、アルバム『triology（トリオロジー）』を制作したとき、「アニメソングやアイドルの楽曲に負けない強度の楽曲を作らなければいけない、それで、原田郁子さんの歌詞をすごく追い込んだ……」というようなインタビューを読んで。その当時は、「そこまでする?」と思ったけど、今はそれがすごくよく分かる。絵本でもそれは必要で……。

高山　そうやね。

筒井　そういうことを考えていかないと、絵本やばいなって。編集者は、誰がどんな絵本を作ったかで勝負しているところがあるんですよね、狭い世界の中で。そんなこと正直、僕にはどうでもよくて。違うところと勝負したい。俺が作る絵本と、音楽。それこそ、俺はマヒトゥ・ザ・ピーポーに勝ちうる強度のものを作れるのか。毎日そんなことばっかり考えています。

高山　勝って。マヒトゥ・ザ・ピーポーに勝って。

筒井　強いですよ。勝つっていう言い方も、違うかもしれないけど。

高山　今の子、あんなんだからね。

筒井　そう、あんなんっていうことですよね。

A　今の子、あんなんやしな、そやけど、ええなあ。みたいな。選ばれる上で、みんな同じ線上にいる。

高山　そうなん、一緒なん。

筒井　マヒトゥ・ザ・ピーポーにはヒリヒリした同時代性と共に、普遍性がありますよね。絵本の編集者って、普遍性を先に考えるところがある。でも、違うんですよね。

高山　真剣にこの世を生きていたら、ね。

筒井　そうなんです。

高山　マヒトゥ・ザ・ピーポー、超真剣だから。

A　長新太さんもそうですよね。

筒井　時代が変わっても、やっていることに普遍性が宿っていれば。落語もそうですね。古い時代だとしても、今の人たちが今の気持ちを込めてやれば、今の表現になる。今、おもしろいものを追求することが、普遍性になる。そこを間違えると、ただ古いものになる。今も残っている表現って、みんなそうですよね。僕はいろんな時代のいろんなジャンルの音楽を、あんまり区別せずに同じように聞くんですけど、まず普遍性を考えて楽曲を作ったとは思えない。どれもそのときの最先端。そこに普遍性が宿る。

高山　ビールまだいっぱいあるから、飲んでくださいね（開けて、注ぐ）。

筒井　そうだ、近年、好きになった本を適当に持って来たんです。もっと読んでいるんですけど、僕、本当に本を売るので、手元になくて。『村に火をつけ、白痴になれ』、これは伊藤野枝の評伝です。伊藤野枝は、アナキストですね。著者は栗原康。素晴らしい、パンクです。『山田風太郎明治小説全集』。それこそ学生時代に中島らもの影響で読みはじめました。これは明治ものと言われるジャンルです。山田風太郎の小説は、決して正統派の時代小説ではないんですよね。エンタメで、ちょっといかがわしい。超すごい人ですけど、A級というよりはB級、メインというよりオルタナティブ。そういう頭に僕はなっているので、惹かれます。『すべての見えない光』。これは去年か一昨年読んで、いちばん好きだった。おすすめです。近年、映画でも小説でも、ナチスを題材にしたものが増えてきましたね。これ、あげます。いい本です。

高山 本当に、いいの？　私、嫌いかもしれないよ。

筒井 いいんです、嫌いだったら誰かにあげるなり好きにしてください。この本もそうですけど、ふだん日が当たらない人たち、自分がそうだからかもしれないけど、いい感じのところから外れている、そういうものに惹かれます。ふだんは見過ごされちゃう視点というか、人たちというか。訳も非常にいいです。題材が題材だから辛いですけどね。

高山 （帯の解説を読む）目の見えない少女と……。いいかも。読んでみよう。

筒井 いいですよ。ネタバレするからあまり言えないけど。目の見えない少女にとってラジオが光なんです。僕らにもきっと彼女にとってのラジオのような存在があるはずです。

高山 ありがとう、これじゃあ、もらいますね。筒井くん、これは？（本棚から一冊取って、渡す）

筒井 『おわりの雪』（ユベール・マンガレリ著・田久保麻理訳）。これ、読みたくて読んでないです。

高山 じゃあ、これあげる。うちに厚い本もあるから。

筒井 いいんですか、ありがとうございます。嬉しいです。みつけられなくて持って来なかったけど、同じ年に読んだ、イーユン・リーの『さすらう者たち』（篠森ゆりこ訳）もよかったですよ。中国人の作家です。僕らあまり中国のことを知らないけれど、文化大革命のころの、市井の人たちの営みを描いていて。すごくしんどいんですけどね。

高山　しんどいながら読むんだね。

筒井　しんどいながら読みますね。そのときどきの時代や、そこに生きる人々の営みにきちんと向き合ったものが読みたいです。

高山　本をもらうって嬉しいね。

H　筒井さんは、本屋さんで本を買うんですか。

筒井　京都は本屋が多いですから、近所にある「ふたば書房」か「丸善」か。ちょっと違う視点を求めて「誠光社」に行くときもあるし、フラットに網羅した本棚から目についたものを買いたいっていうときもあるし。どっちも京都にはあるのが、いいかな。

高山　遅くなったね、みんな泊まっていってもいいよ。

筒井　僕は、猫とミニが待っているから帰ります。ありがとうございます。気が小さいから、来るときはどんな対談になるかと思っていました。

高山　そうだったの。やっぱり、筒井くんは謎です。

筒井　そうですか、だいぶんしゃべりましたけどね。

写真家

齋藤陽道

対談日：２０１９年5月28日

献立
キャベツとにんじんのコールスロー、ピーマンのきんぴら、ズッキーニの焼いただけ（Hさん作）、大根としらすのサラダ、アボカドやっこチャイナ、具沢山ピザ（自家製トマトソース、ベーコン、ウィンナー、ミニトマト、玉ねぎ、ピーマン、チーズ）、いちごのチーズケーキ。

齋藤さんから、おすすめの本
『みんなが手話で話した島』
ノーラ・E・グロース著／佐野正信訳　築地書館
理想郷を見せてくれます。いびつなことばをいびつに見ないとどうなるか。いつきさんみたいな人が数百人いる島、と思うと笑えます。
『Does Yellow Run Forever?』
ポール・グラハム写真　MACK
なんかとてもキュートな1冊です。なおみさんの料理本をめくるときの感覚に近いなーと思って！

齋藤陽道くんにはじめて会ったのは、吉祥寺にある「キチム」の何周年目かのパーティーの日。「クラムボン」のボーカル、原田郁子ちゃんが出会わせてくれました。

もう何年前になるんだろう。

そのころ郁子ちゃんは、『トリオロジー』というアルバムができたばかりで、陽道くんにカバー写真を撮ってもらったんだと嬉しそうに話していました。

「料理の仕事をしている、高山さんだよ」と郁子ちゃんが紹介してくれて、お互いに握手を交わしたとき、陽道くんは私の目を見ました。

なのに私はすぐに下を向いてしまった。あまりにまっすぐな目だったから。

「クラムボン」の演奏がはじまって、私はワインを飲みながら音楽を聞いていました。ほろ酔いで、ゆらゆらしながら聞いていました。

左の方に陽道くんがひとりで立っていました。陽道くんは「クラムボン」のことをじっと見ていました。体中の感覚をぎゅっとひとつに束ね、その先っぽで見ているような目つき。

演奏している三人の姿をというよりも、私には空気を見ているように見えました。見えないものを見ようとしている。

音を見ているんだ。

そう感じました。

パーティーの終わりごろ、陽道くんが私に声をかけてくれました。

「高山さんは、郁子さんを何色だと感じますか？」と、手に持っていたメモ帳に走り書き。

私は少し考えました。でも、どぎまぎしてしまい、いつだったか郁子ちゃんが着ていた服の色しか浮かんでこなくて、「肌色かなあ」と書きました。

陽道くんはしばらく上を向いて、はっ！と思いついたように、「ぼくは、澄んだブルーと緑色」と、たしか書いていた。

私は、あのときの自分が今でもとても恥ずかしい。

私が体の奥に隠し持っている、いちばん大切なもの。

それは珠《たま》。

多くの人にはうっとうしがられる……けれど、私を生かすために必要な、過剰なものたちが渦巻いている珠。

珠は、穴にも置き換えられる。

私の体に空いた暗い穴。

その穴が、陽道くんのまっすぐな目つきに惹かれていたのに、慌てて逃げ出し、私はその場をとりつくろった。


『それでも それでも それでも』は、三年ほど前にたまたま入った大阪の本屋さんでみつけました。

私はその本ではじめて、陽道くんの文章を読みました。

生身の体に漲《みなぎ》っているみずみずしい言葉。小さいころから、たくさんの言葉を体にため込んでいる人の文だと感じました。

そのころ新聞に連載していた最終回で、思い切って私は本の感想文を書きました。

書くのは、とてもむずかしかったです。

書けば書くほど、言いたいことから離れていくような、もどかしい気持ちになりました。

ほんとうをいうと私は、その文と自分との間に、今でも少しだけわだかまりがあります。

それからしばらくして、「Hの字で寝る」という写真をツイッターでみつけました。

陽道くんと奥さんのまなみさんが白い布団の上で眠っている。間に挟まれた赤ん坊の樹《いつき》くんに、それぞれの右手がしっかりと触れながら熟睡している。樹くんが泣いたら、すぐに気づけるように。

私の珠がまたせり上がってきて、喜びの声を上げました。

そして、同じころのツイッターで、二歳くらいの樹くんが手話らしき動きで、まなみさんに絵本を読んであげている動画を見ました。

この家族は、体が発する「ことば」を信じて生きている。

信じないと生きていけないから、当たり前のようにそうしている。

頭でっかちの「言葉」には収まりきらない、本当の「ことば」。

目に見えないものがたくさん詰まった「ことば」。

それは幼いころから、私にとってもいちばん大切な、世界を歩いていくための杖のようなものでした。

私はたまらなくなりました。

彼らと一緒にごはんを作って食べたり、遊んだり、おしゃべりしたり、疲れて眠ったり、合宿のようなことをしてみたい。

押さえきれない気持ちが、上ってきていました。

「ことば」と「言葉」の違いについて、『異なり記念日』に書かれている陽道くんとまなみさんの対話から、少し引用してみます。

——目線とか、身振り、身だしなみ……。それって、ぼくらにとっては「言葉」よりも大事な「ことば」なんだよね。

手話がわからない人と会って撮るとき、たとえば筆談で書かれた「言葉」だけを頼りにしていると、ただ聞くだけでもえらい時間がかかるかわりに、どうでもいいようなことがちょっとわかるだけだし。そんなちょびっとしかわからない「言葉」の内容よりも、筆談の筆跡とか、握手やハグしたときの体温とか、一瞬の表情とか、歩き方とか、好きな食べ物を一緒に食べたりとか、一緒に時間を過ごすことで伝わってくるそういうものを「ことば」として受け止めると、「言葉」だけではわからない相手の何かが伝わってきて、不思議に撮りやすくなるんだよね。たぶん、まなみの言っていることって、この感じに近いんだと思う。

そっかあ、まなみもか！　意味がある「言葉」だけじゃなくて、言葉には表れないものも含めて見ようとしないと、ぼくらの場合、聴者社会では、なかなか実りある情報が自分の中にとどまらなくて……孤独な気持ちになっちゃうんだよね――

さて、それから一年近くがたったある日、三歳の樹くんを連れ、陽道くんが泊まりがけでうちに来てくださることになりました。

はじめてのふたり旅の様子は、東京を出発したその瞬間から、写真つきのメールで送られてきました。

新幹線の中の緊張ぎみの樹くん。

シートでぐっすり眠る樹くん。

新神戸駅に着いたふたりが王子動物公園に行くというので、その時間に合わせ、私はうちのマンションの屋上に上りました。遥か遠くだけれど、そこから王子動物公園が見えるのです。

観覧車に乗っているふたりに、私からもメールを送りました。

なおみ「陽道くん、樹くん。今、大きな大きな観光船が海を進んでます。年に三回くらいしか、通らないそうです」

陽道「おお！」

なおみ「湾を曲がり、外海に出ようとしています。下が水色の船です」

陽道「みえましたみえましたばっちり！」

なおみ「かたつむりみたいですね」

陽道「ね！（笑）いま動物園でました。六甲駅にむかいます」

そのあと、六甲駅構内の本屋さんで待ち合わせし、スーパーに買い物にいきました。陽道くんの好物のしめ鯖と、樹くんにケーキを作るための苺と、あとは何を買ったんだっけ。

健聴者の樹くんは、指や手を動かし、表情をくるくる変えながら、手話と話し言葉の両方で会話します。

陽道くんは声を出しながら、手話をします。

私もその間に入り、会話しました。

はじめは少しとまどったけれど、すぐに慣れて、持っていったメモ帖はいちども使わなかった。

こうして、二泊三日にわたる合宿のような日々がはじまりました。

今思えば、朝、メールを交換していたときから、すでに「ことば」のやりとりははじまっていたのですね。

翌朝はいよいよ筆談の日。

雨が降っていたけれど、裏山の入り口まで三人で散歩しました。

樹くんは傘を差さず、びしょぬれで歩いてた。排水溝に下り、少しだけ水が流れる斜面を歩いたり、虫をみつけたり、葉っぱを拾ったり。

坂道を上るだけでも、下るだけでもおもしろがって、体じゅうで感じながら遊んでいた。

うちに帰って着替えていたら、HさんとAさんがやってきて、筆談がはじまりました。

うちには大きな紙がたくさんあるので、床の上に広げ、腹這いになって書き合いました。どちらかが先に質問を書いて、それに答えることもあれば、同時に書き進んでゆくこともありました。

樹くんは隣で絵を描いたり、絵本を読んだり、部屋を駆け回ったり。
途中で、ピザ生地を樹くんと練って、発酵させている間にまた筆談の続き。
生地を伸ばし、具をのせてオーブンに入れ……お昼ごはんをみんなで食べ、筆談はまた続きました。

＊筆談内の言葉は、ひらがなが多くて読みにくいかもしれませんが、私たちが書いた文字をできるだけそのまま載せることにいたします。

高山　いつき君と一緒にいたら、小さいころのことを思い出しました。きのうはバタバタ、ぐるぐるでした。いろんなことがつぎつぎおこっておもしろくてたまらなかった。

齋藤　ですね！
バタバタ－!!と、きのうは過ぎましたね。
あらためまして。こんにちは、齋藤陽道です。

高山　観覧車と、屋上からと、きのうは同じ船を見ていた。

齋藤　きらきらしていましたね。

高山　そう。どこかの国へ行く船みたい。
ごうか客船！

齋藤　王子公園よかったー。ノスタルジッ

クがばくはつしました。

高山　はるみち君は小さいころにも動物園に行きました？

齋藤　あんまり覚えてないですが、断片的にたのしい記憶があります。たのしかったんだと思います。

高山　遠足？

齋藤　ではないなー。集団行動はとにかく嫌だったので母と行ったときかなと思います。

高山　ふーん。そっか。私は学校や子ども会とか、集団で行ってもひとりであそんでいました。みんなほおっておいてくれた。姉（2つちがい）は、とても社交的でどんどんみんなでするゲーム、ハンカチ落としとか、スーッとみんなの輪に入っていくの。でも私はそれができなかった。はるみち君は？

齋藤　略字で（は）にしましょう。ぼくもなおみさんを（な）で！

なんだろう、ちょっと複雑だな……。補聴器つけて学校に通っていて、そこでは「きこえる人」のようにふるまおうとしてきました。なので、みんなの輪にはいろうとしつつうまくいかない……という感じでした。

ひとりであそんでると、いまとなっては誰の目を意識していたのかわからないですが、「きこえない人」としてみられるのがこわかったので、ひとりあそびできなかったです。その反動で家に帰ったらずっとゲームでしたね。ファミコン。

高山　本は読んでいましたか？

ひとりであそんでると、
いまとなっては誰の目を
きにしていたのかわからない
まるでてきがーときこえないひととして
みられるのがこわかったので、
ひとりあそびできなかったで
れの反動で、家に帰
ずっとゲームでした
ファミコンの

本と体

2/201031

この度は、弊社の書籍をご購入いただき、誠にありがとうございます。今後の参考にさせていただきますので、下記の質問にお答えくださいますようお願いいたします。

Q/1. 本書の発売をどのようにお知りになりましたか？
□書店で見つけて　□Web・SNSで（サイト名　　　　　　　　　　　　）
□友人、知人からの紹介　□その他（　　　　　　　　　　　　）

Q/2. 本書をお買い上げいただいたのはいつですか？　　年　　月　　日頃

Q/3. 本書をお買い求めになった店名とコーナーを教えてください。
店名　　　　　　　　　コーナー

Q/4. この本をお買い求めになった理由は？
□著者にひかれて　□タイトル・テーマにひかれて
□デザインにひかれて　□絵にひかれて
□その他（　　　　　　　　　　　　）

Q/5. 価格はいかがですか？　□高い　□安い　□適当

Q/6. ジャンル問わず、好きな作家を教えてください。

Q/7. 普段読んでいる雑誌やwebマガジンを教えてください。

Q/8. あなたのお気に入りの本、おすすめの本を教えてください。

Q/9. 記憶に残る本や読書体験を教えてください。

お名前　　　　　　　　性別　□男　□女　　年齢　　　歳
ご住所　〒　　　－　　　　ご職業

Tel.　　　　　　　　e-mail

今後アノニマ・スタジオからの新刊、イベントなどのご案内をお送りしてもよろしいでしょうか？　□可　□不可

ありがとうございました

post card

料金受取人払郵便

浅草局承認

3085

差出有効期間
2021年
1月17日まで

111-8790

051

東京都台東区蔵前2-14-14 2F 中央出版
アノニマ・スタジオ
本と体　係

☒本書に対するご感想、高山なおみさんへのメッセージなどをお書きください。

このはがきのコメントをホームページ、広告などに使用しても　可　・　不可　（お名前は掲載しません）

齋藤　本は中学からでした。（な）は？

高山　私は字が好きじゃなかったです。でも図書館は好き。絵本の絵だけを見て（読んで）いた気がする。ちゃんと本が読めるようになったのは小学6年生くらいのとき。

齋藤　ぼくは本が本当におもしろいと思えるようになったのは20歳のときでした。20歳＝手話が自分のことばになったと思ったときです。

高山　ああ、私も本当に好きになったのは、19歳くらいのとき。

齋藤　なにかきっかけが？

高山　そのころ、ケーキを作るアルバイトをしていて。下北沢のきっさ店。岩波少年文庫をたくさんそろえていて、休けい時間に店の2階で読みふけっていました。そこの店主に、生まれてはじめて自分のことをほめられたことも関係があるかもしれないです。ずっと自分は人よりもおとっていると思っていたので。

どもりだから、電話ができなかった。人と話すのは、信じられる人（自分のことを笑わない人）とでないと、声を出すことができなかった。そこの店主は、家族以外ではじめて私の話をゆっくり待って聞いてくれたし、とてもおもしろい話をたくさんしてくれました。

齋藤　話……ことばでうけとめてくれる人。話の内容や意味、体裁以前にことばをそのままことばとしてうけとめてくれる人や経験って、すごく、すごいですよね。ぼくもまさに手話を身につけたことで、ぶかっこ

うでいびつにしか話せない、聞けない音声言語からはなれられたことでやっと自分の意志に出会えたと思いました。自分の意志が見つかると同時に、本ってこんなにおもしろいのか！　となったんでした。

高山　言葉じゃなくて、「ことば」ですね。「ことば」だったら私はたくさん言いたいこと（言えること）があると気づいた。

齋藤　意味に縛られる以前の「ことば」。まなざしとか、はだかではしるとか、はだしで大地をあるくときに感じるなにか。まさに絵本『どもるどだっく』ですね。

高山　きのうと今日のいつき君が、まさにそうだった。はだかで、体をぐんぐん動かして。

わたしは言葉がおそかったのですが、しゃべる必要を感じていなかったんだと思います。そこは「ことば」にあふれていた。

におい、味、音。肌ざわり。

よく見なくても、目をつぶっていても、そこに「いる」感じがありました。自信にあふれていた。小学校に入るまでは。

（は）は、この感覚を20歳になるまでしまいこんでいたということ？　4歳までは自信にみちていたのかなあ？

齋藤　ぼくも言葉はおそかったようです。4歳になるまで「ばうあー」としか言わなかったようです。きこえとことばの教室に通って、4歳半？（忘れました）のとき、電車を見て、「ぽっぽ」と言ったのが初めての言葉だったようです。

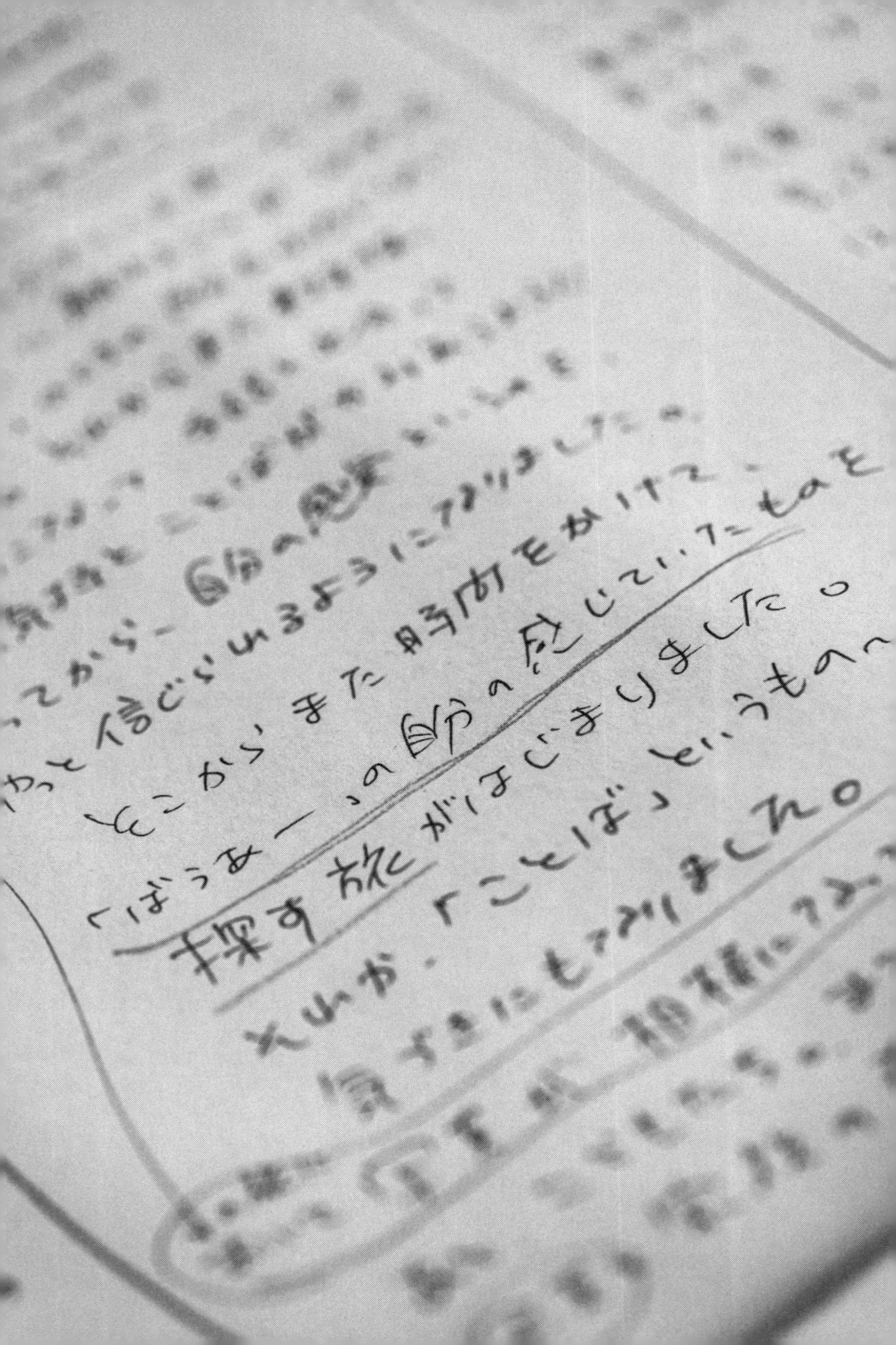
やっと信じられるように
そこから、また時間をかけて
自分の感じていたものを
探す旅がはじまりました。
それが「ことば」というものへ

母があまりに何回もこの話をしていて、「やっと言葉を言えるようになったときはうれしかった」って言うんですね。今、親の立場になってみて、母の気持ちもわかるものの、そう言われることで「ばうあー」のときに感じていたことすべて否定されているようなきもちもありました。

「言葉を言えるようになることがそんなにえらいことなのかな」という疑問は小学校の高学年から考えるようになりました。


でも音声を使い続けているあいだは、自分の意志に触れることがなかったので、「ばうあー」のときの自分もわからないままでした。それからまた数年後、20歳になって、手話と出会って、自分の気持ちとことばがかみあうようになってから、自分の感覚というのをやっと信じられるようになりました。


そこからまた時間をかけて、「ばうあー」の自分の感じていたものを探す旅がはじまりました。それが「ことば」というものへの気づきにもなりました。

この旅において写真が相棒になってくれました。あと、子どもたち。まなみもか。写真と家族の存在はとても大きいです。


話は変わる、いや、より深まるのかな？『どもるどだっく』で、はなくそはしょっぱい！　という描写がありますね。ひさびさにきのうあれを読んで、おーっとなつかしい思いになりました。

ぼくもはなくそをよく食べてました。

今思うと、学校の中で、みんな何を言っているかわからないとき、心細いとき、はなくそをこっそり食べて、自分の味を感じて、自分の輪郭をつかもうとしていたんだなと。

中学までつづいていました。

ろう学校に入って、アイデンティティが落

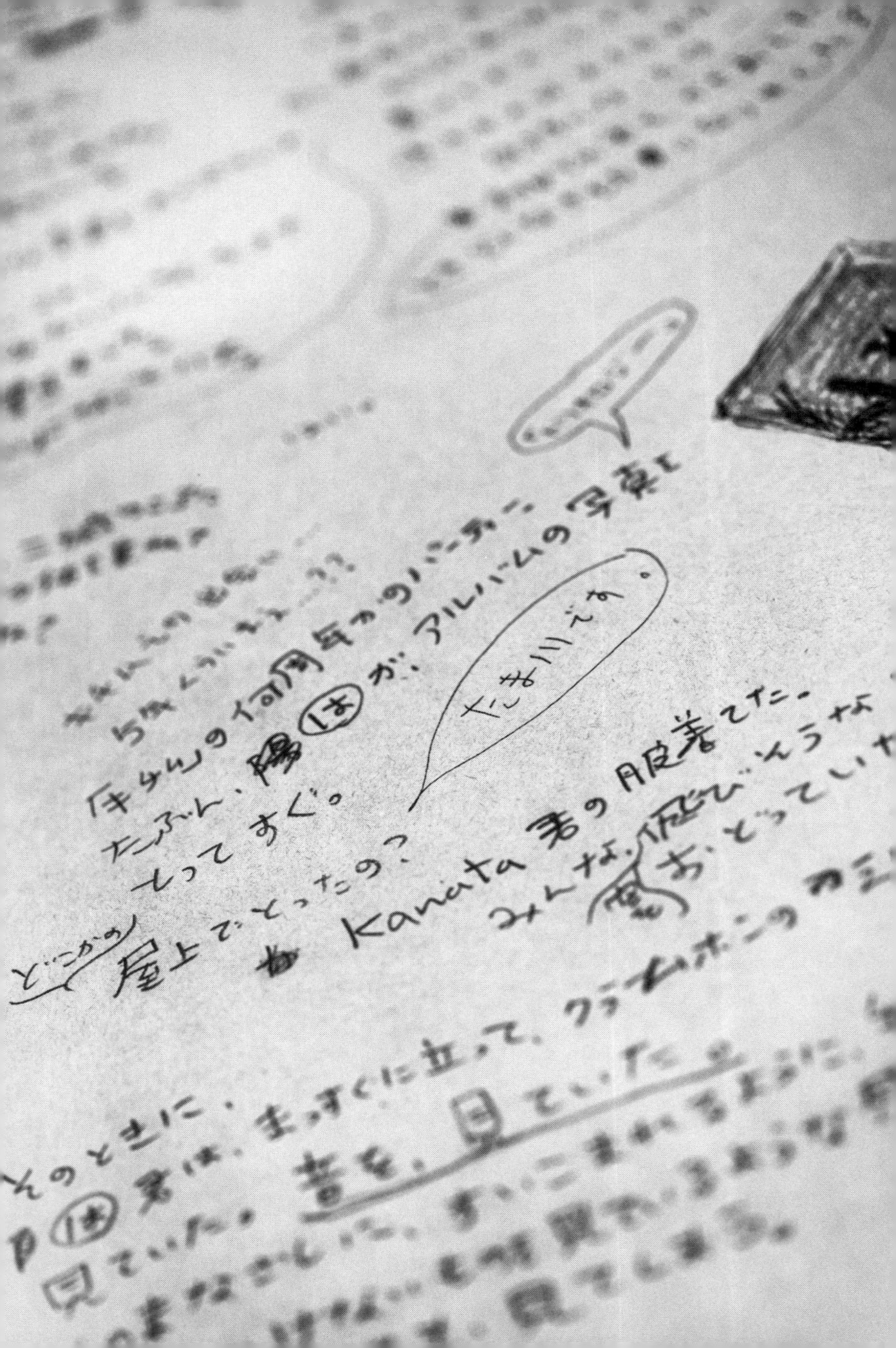
たまり川です。
の何周年かのパーティーのアルバムの写真を
たぶん、陽が
とってすぐ。
どこかの 屋上でとったの？
Kanata 君の服着てた。
そのときに、まっすぐに立って、

ち着くにしたがって、はなくそを食べる頻度は減っていきました。うーん、たかがはなくそ、されどはなくそ。

高山　私も、はなくそを自分だと思っていました。自分を食べているのになんで「きたない」とおこられるのかわからなかった。おいしいし。

思い出したんだけど……、私たちがはじめて出会ったのは、吉祥寺「キチム」でのクラムボンのライブでした。そのときのこと、覚えていますか？

齋藤　はい！

高山　私はけっこうはっきり覚えているの。映像としてというか、断片的な映像として。郁子ちゃんから（は）を紹介されて、私はとてもきんちょうしていました。そして、とても気になったので、（は）をかんさつしていました。

齋藤　キチムでの出会い……5年くらいまえ…⁇

高山　キチムの何周年かのパーティー。たぶん（は）がアルバムの写真を撮ってすぐ。

齋藤　『トリオロジー』（吹き出しにして）。

高山　どこかの屋上で撮ったの？

齋藤　多摩川です。

高山　Ｋａｎａｔａ君の服着てた。みんな空を飛びそうな？　おどっていた？

齋藤　おどっていました！　ああ、なつかしいですね。

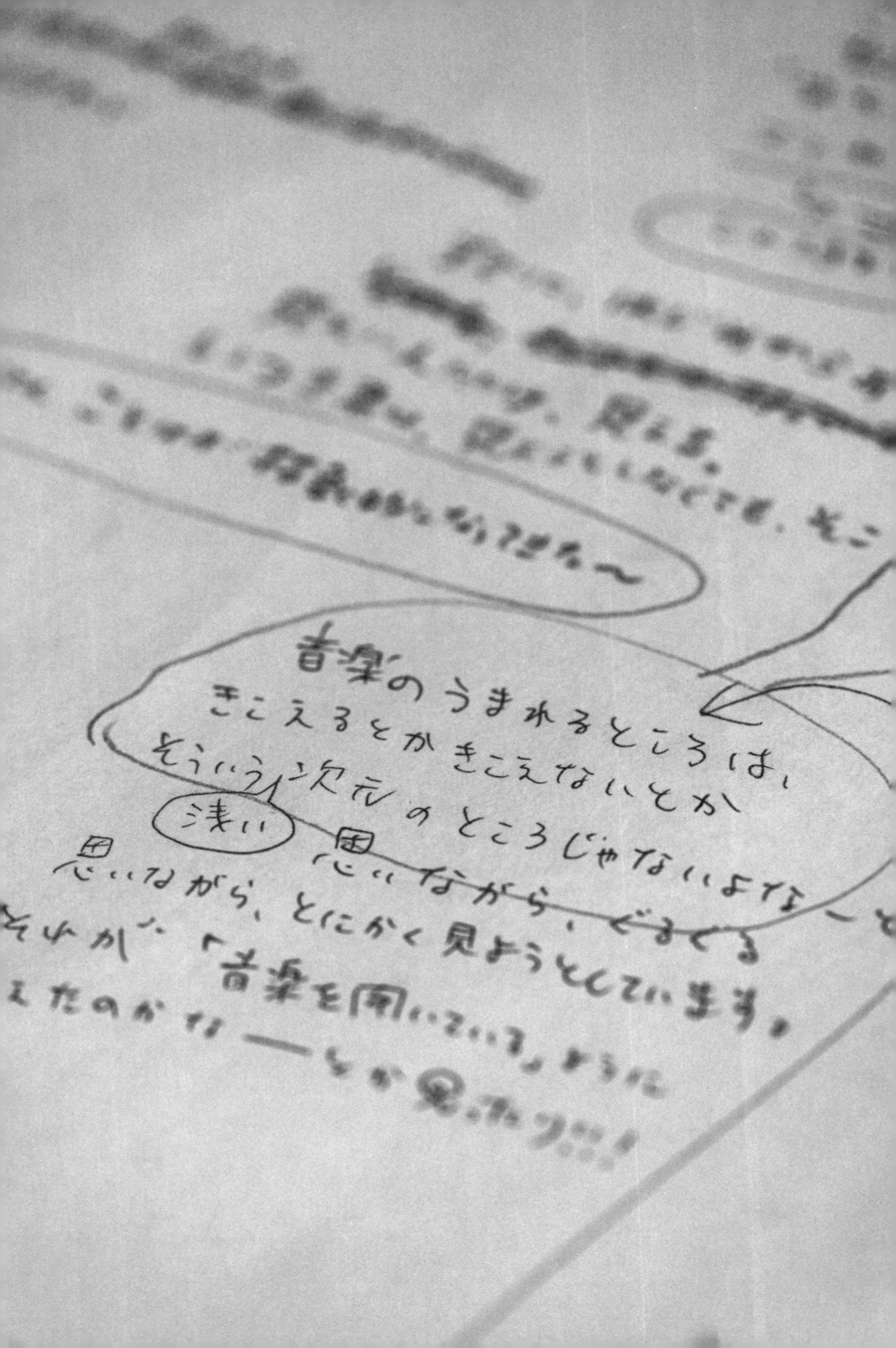

音楽のうまれるところは、
きこえるとかきこえないとか
そういう次元のところじゃないよなーと
浅い
思いながら、ぐるぐる
思いながら、とにかく見ようとしています。
それが「音楽を聞いている」ように
えたのかな——とか

高山　そのときに（は）はまっすぐに立ってクラムボンの演奏を見ていた。音を見ていた。そのまなざしにすいこまれるように私は見ていました。

齋藤　えー。

高山　なんだか、見てはいけないものを見ているような感じがしました。でもどうしても見てしまう。

齋藤　クラムボンに限らないですが、音楽はわからないので、音楽の場にいるときはとにかく見ることに徹しようとしています。ゆらぎとか、タメとか、そういう……身体的なうごきの沈黙を見ているつもりです。

高山　そうか。あのね、私にはその場にいる人たちの中で、（は）がいちばん音楽をきいている人に見えました。だからとてもきんちょうした。こういう人が世界にいるんだ……と思って。

齋藤　おお！……ライブとか見るときは、ぼくに音楽のことは絶対にわからない／わかってはいけないと戒めながら見ています。でも、音楽の生まれるところはとても気になります。音楽の生まれるところは、きこえるとかきこえないとかそういう浅い次元のところじゃないよなーと思いながら、ぐるぐる思いながら、とにかく見ようとしています。それが「音楽を聞いている」ように見えたのかなーとか思ったり!!!

高山　わからない／わかってはいけない。そこなんだと、今、（は）のことばを読んでいて気づきました。大ぜいの人たちは、私も含め、わかったつもりになってしまい

が見えて
ます。

を

えてけど、

偉大な

わからない、わからない。
ん〜、わからない
わからないYO! と思う中、
ふと、「あ?!」という…(わかる、でもない
「」
ときがあって… この、「あ!」の快感
知ってからは、わからないことを
おそれるきもちは減りましたね

怖いだけだったわからなさが、
「~~ああ~~ なるわからなさ」になって、
~~そういう~~ も、ぼくにとって、それが
音楽なんです。だから、
わかんないけれど
たのしいです。

やすい。

齋藤　わからない、わからない、ん〜わからない。わからないYO！と思う中、ふと「あ⁉」という（わかる、でもないけど）ときがあって……この「あ！」の快感を知ってからは、わからないことをおそれるきもちは減りましたね。

怖いだけだったわからなさが、「偉大なるわからなさ」になって……。ぼくにとって、それが音楽なんです。だから、わかんないけれどたのしいです。

高山　見えないものが見えてくる。すべて目に見えるときがある。人も、木も、動物も、音楽が生まれるところも……目に見えないものが、人の体や動きに、ぜんぶ出ているのがわたしにも見えてくることがあります。

私も、どうしていいかわからないと、（命にかかわるくらいのとき）そうなる。感覚が「むける」。皮がむける。でも、私と（は）の言いたいことが、重なって、ひとつのことを言いたがっているような気がするんだけど。

むづかしい。

ちがうのだけど、同じ場？　現象？　のことを言っている気がする。

わかるときの感じはどういうふう？

体が、どうなる？

齋藤　どんどんことばがでてくる感じです。ポエジー……詩情を刺激されたときかなあ。関わりのないものと思っていたものが自分と重なるところを見出したとき、「あ！」となって、そのちいさな「あ」をきっかけに、づるづるとことばがイモづるに出てくる感じ……。

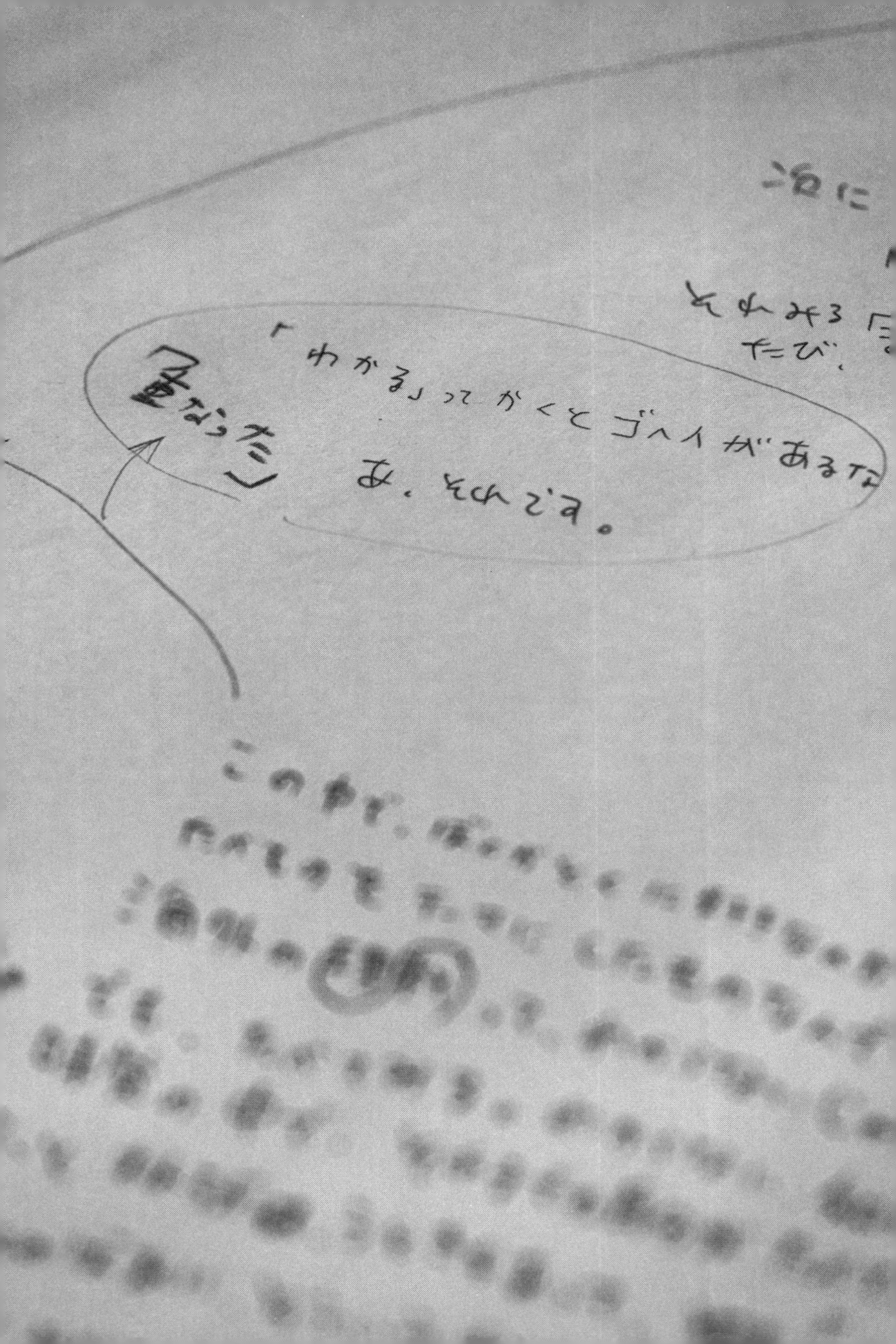

泊に
たび、
「わかる」ってかくとゴヘイがあるな
あ、それです。

アノニマだより
anonima st.
34

アノニマ・スタジオの本

二〇二〇年 夏〜秋

すこやかに生きるってなんだろ？

身近な人の病や死をきっかけにさまざまな施術家や自然療法と出会い、心身ともに救われてきたという編集者・ライターのつるやももこさんが、自らの体験を綴ったエッセイです。病気になってから病院へ行ったり、具合が悪くなってから薬を飲むのではなく、日常生活のなかで自分自身に関心を向けようと始まった「からだの旅」。整体、気功、アロマ、フラワーレメディ、アーユルヴェーダなど、自分で取り入れられるセルフケアのヒントがいっぱいです。施術家の情報やおすすめ本リストも掲載しています。

●「旅のはじまり」より

……ここで、わたしが人の死とか命とか、深遠な世界を哲学的に語りたいわけでもない。語れるわけでもない。ただ、この数年のわたしの経験とその日々のなかで感じたこと、こころとからだをみつめることで見えてきた可能性、そして人を「手あて」するという仕事をしている方々との新たな出会い。その彼らから学んだ考えや施術家としての物語を書くことで、だれかが自分の内側へ目を向けるお手伝いができればいいな、と思う。

Body Journey
ー手あての人とセルフケアー
つるやももこ

本体1600円＋税
ISBN978-4-87758-802-1

【著者プロフィール】1975年埼玉県生まれ。女子美術大学卒。全日空機内誌『翼の王国』編集部を経て、2006年よりフリーランスとして執筆、編集に携わる。著書に『マーケット日和』など。

（な）の『記憶のスパイス』を読みました。あんなエッセイ、どうして書けるんですか。この中でぼくがとくに好きなのが海外でのたべものをテーマにしたものなんですが、海外の料理ってわからないじゃないですか、まず。でも食べてみる。わからない、知らない味覚の中で、それまでの自分が食べてきた味とふとすれ違うときもあって、「あ！」と。ぼくの場合、そういう料理が印象に残るし、たぶんそれを詩情としてふくらませて、エッセイにできる人だろーなーと思いました。「わかる」って書くとゴヘイがあるな。

高山　「重なった」

齋藤　あ、それです。

高山　遠いものが、「あ、わかった」「重なった」というときのことを書いているのかもしれません。「わかった！」というのは、自分がそこにいる感じ。確かにそこにいて、見ているもの、味、人のことを、わかったような感じ。幼いころに、言葉をまだしゃべらなくてよかったころに、すーっとわかっていた。そこにいる感じがしたときの感覚を書いているのかもしれません。

齋藤　いつきさん、たとえば（ぐーちょきぱーのイラストを描く）じゃんけんするとき。自分が勝ちたいとき「ぼく、ぐーね！」と言って、次にぼく＝（は）を指して「ぼくは、ちょきよ」って言います。それみるたび、「自己と他者がまだとぎれてないなー」と思うんです。ふだんは「ぼく」「おとうさん」と使い分けられるのに。「子どもだからまだ言葉がよくわかってない」というふうにうけとめるよりも、「世界と地つづきの感じをもっている」という

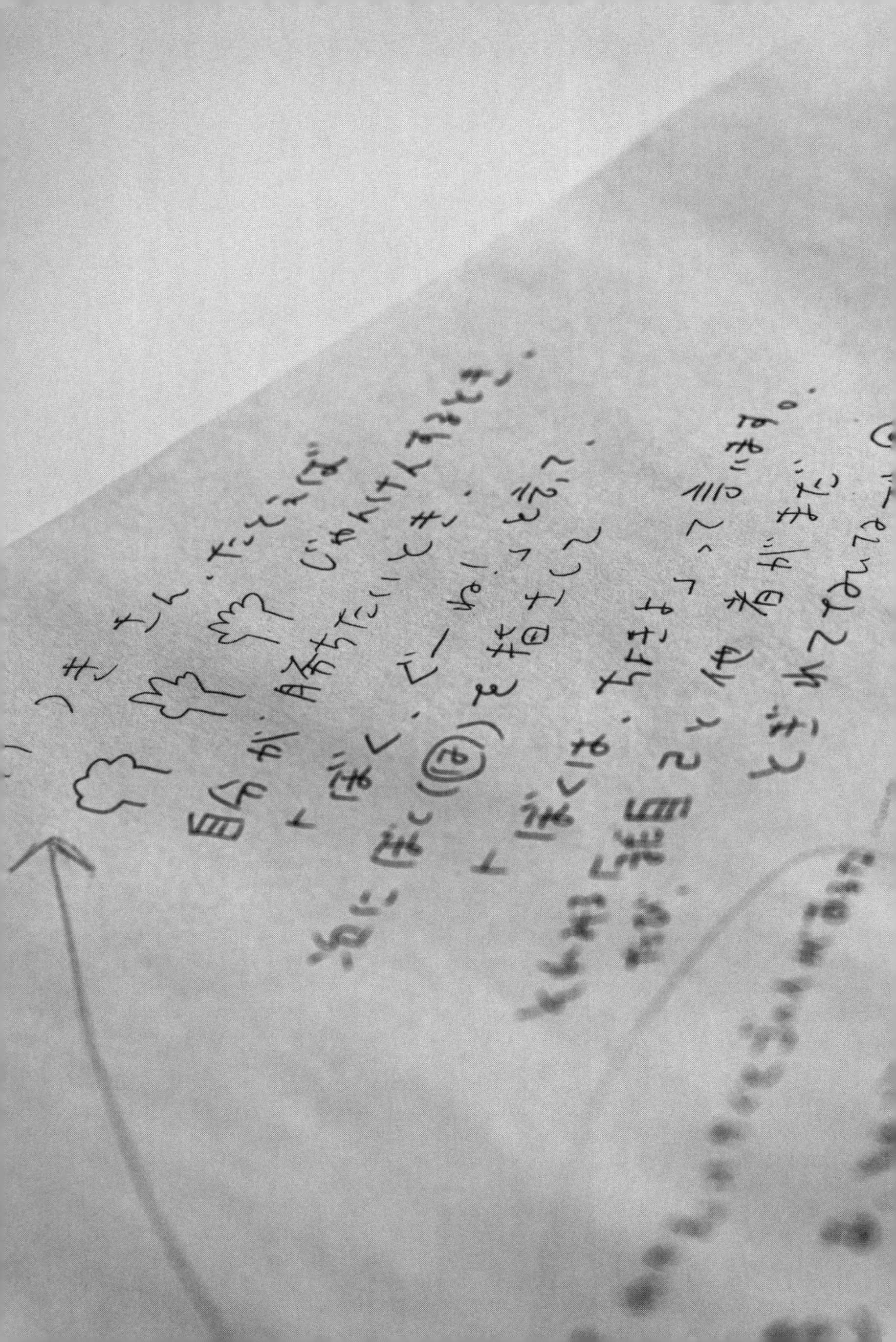

ふうにうけとめようと思って、訂正はしていません。前は訂正していたんですが、なんでだろ……「まちがってない言葉の使い方」をするようになるほど、つまんなくなるなーと思って。

高山　おもしろい〜〜。

齋藤　「世界との地つづき感」を深く長くひっそりともっていた人は、そのあと、「まちがっていない言葉の使い方」……「社会的な言葉」とのズレやすきまに気づきやすいんだと思います。このすきまをうめようとする衝動が、たぶんぼくの思う詩情かなーと。

高山　（「詩情」に線を引っ張って）それはすでに、はじめからある気がします。見たい人だけ、見える。いつき君は見ようとしなくても、そこにいるので、そのまんま。

あ、だんだんことばが抽象的になってきた〜。

もっと自分が体験したことを書いてみます。言葉／ことばが遠のいてきたので。

はじめての本『諸国空想料理店』を書いたとき、文章を書きたかったのだけど、最初はまったく言葉が出てこなかった。私はずっと「書けない」ままなんじゃないかと不安になりました。でも、ワープロを買って打ち込んでいったら、忘れていた記憶がかなり細かいところまでずるずるとつながって出てきて、びっくりしました。ひとつ書くと、どんどん景色（思い出）が再現される。それをすみからひとつずつ、ぴったりな言葉をよくさがして打ち込んでいきました。思い出が出てきたときは、こうふんして、というか、自分の体がその場にいるみたいになったので、そのまんまの気持

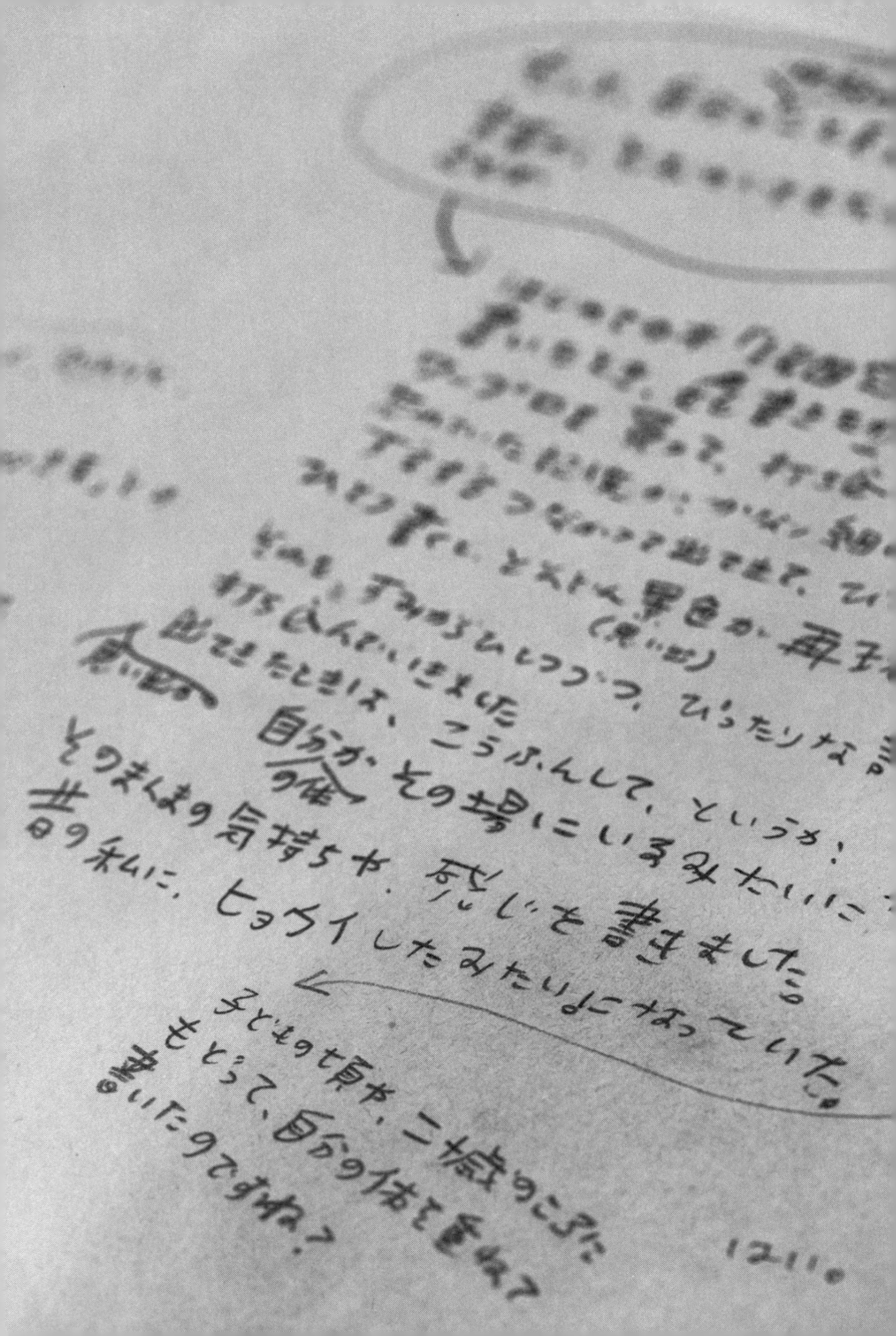
出てきたときは、こうふんして、ぴったりな
自分が(の体)その場にいるみたいに
そのままの気持ちや、感じを書きました。
昔の私に、ヒョウイしたみたいになっていた。
子どもの頃や、二歳のころに
もどって、自分の体を重ねて
書いたのですね？
12/1

ちや感じを書きました。昔の私にヒョウイしたみたいになっていた。

齋藤　ヒョウイ。憑依。お、書けた。漢字、書けた。

『声めぐり』がそうでした。現在に合わせて都合良く、変えている言葉はもちろんありますが、それでも書けてよかったです。書きおわったとき、憑きものが落ちたみたいな気持ちになったなー。

高山　子どもの頃や、二十歳の頃にもどって、自分の体を重ねて書いたのですね？

齋藤　はい。

初めての本を書きおえたとき、どんな気持ちになりました？

高山　うーん。そのときは「すごいなー」って思いました。「おもしろい本だなあ」って。

齋藤　「書けるんだー！」っておどろきありますよね！

高山　何年かたって読んでみたら、まだ、「ごまかしているところあるな」と自分で思いました。擬音とか、つるつると出てきてしまう言いまわしのようなのが、あとから気になりました。

もっともっと、自分に近いことばを使いたい！と思って。それは今でも同じ。今もまだちっとも自分に近いことばが出てないと思う。だから、もっともっと書きたいです。

齋藤　ぼくはもう本も文章も書きたくないです。でも自分にふさわしいことばをさぐっていくのはとてもたのしくて。矛盾しています。ムジュン。

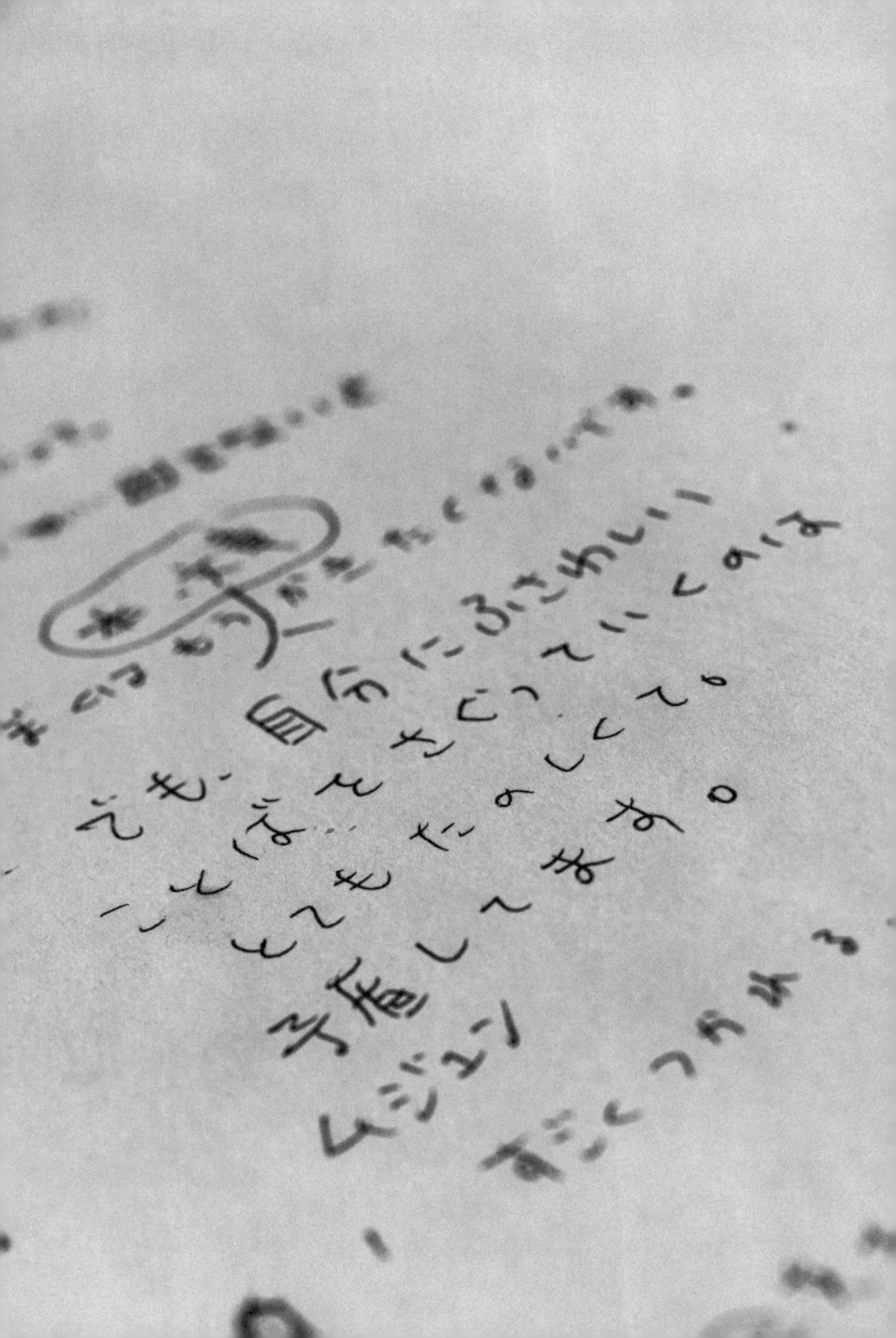
自分にふさわしい

すごくつかれる……。

高山　もう書ききった？　写真の方がいい？

齋藤　写真をもっとやるために、文章の本をとにかく1冊出しておわりにしよう！と思って書き出したんですが、2冊になって、また文章の依頼がきて。

高山　ゆっくりやってください。

齋藤　はい。

高山　あの2冊は、『異なり記念日』が体で、『声めぐり』は頭の感じがしていました。私は読みながら、体を使ったり、頭を使ったりしていた。『異なり記念日』は、ぼろぼろ泣いて、汗をかいて、走って、読み終わったらハーッてなった。『声めぐり』は途中から読めなくなった。痛くて。よくない人や、世間の、私がいやだなと思うことが書いてあったから。そういう俗世間の、「目でしか見えない世界」＝「わかっているつもり」の世界。「ことば」ではなく、「言葉」の世界のことを読むのがつらかった。

最近、つづきを読みました。そしたら、なんというか、抵抗なくすーっと入ってきた。私はプロレスのところが大好きだった。（は）が長い間、「言葉」の世界にいたことを、読むのがつらかったんだと思う。でも、プロレスのところ、そこから反転した。まなみさんと出会ったところからも。『異なり記念日』は、反転してからの物語。そちらの世界にも、まだまだ難問はあるだろうけれど。

齋藤　うれしいおことばたち……ありがとうございます。

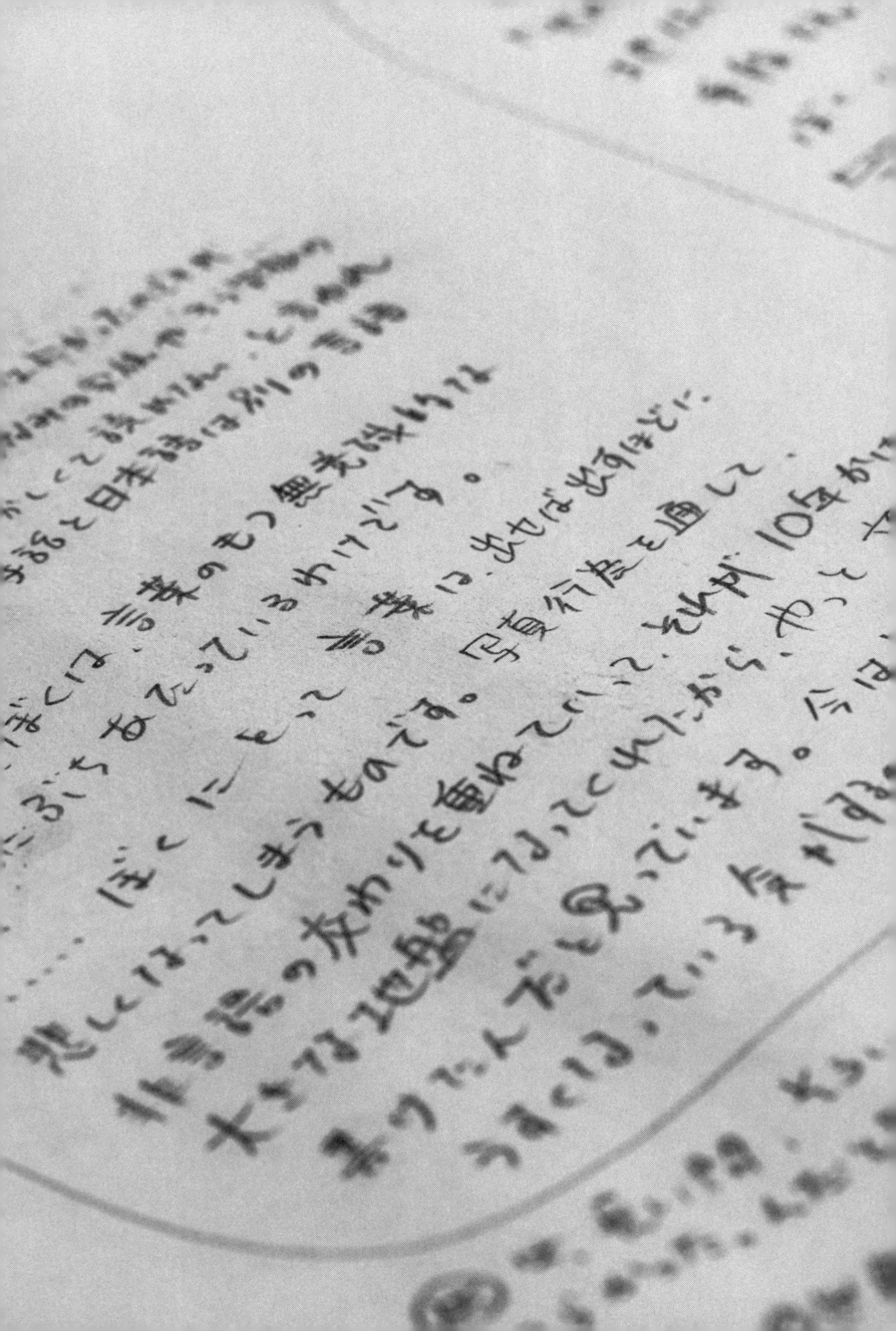
言葉のもつ意味を
なっているわけです。
言葉は、出せば出すほどに
しまうものです。写真行為を通して
交わりを重ねていって、それが10年かけて
地盤になってくれたから、やっと今は
思っています。

『声めぐり』『異なり記念日』を書けたのはよかったのですが、ぼくのまわりのろう者（まなみの家族やろう学校の友人たち）には、文章がむつかしくて読めない、と言われたりしています。日本手話と日本語は別の言語なので。そこでまたぼくは、言葉のもつ無意識的な差別性にぶちあたっているわけです。

……ぼくにとって言葉は、出せば出すほどに悲しくなってしまうものです。写真行為を通して非言語の交わりを重ねていって、それが10年かけて大きな地盤になってくれたから、やっと文章の本を書けたんだと思っています。今はその地盤がうすくなっている気がするので写真をやらなきゃなと思っている次第です。

あと、まんがでの育児日記『せかいはことば』も「ことば」の地盤を固めるためのひとつの手段です。

ぼくにとって「言葉」は、地盤となる「ことば」の世界が十分に固められてからでないと出せないものです。

ふたりめが生まれてからよりよく料理するようになったのですが、料理って「ことば」の世界を日々補強する行いだなーって思います。

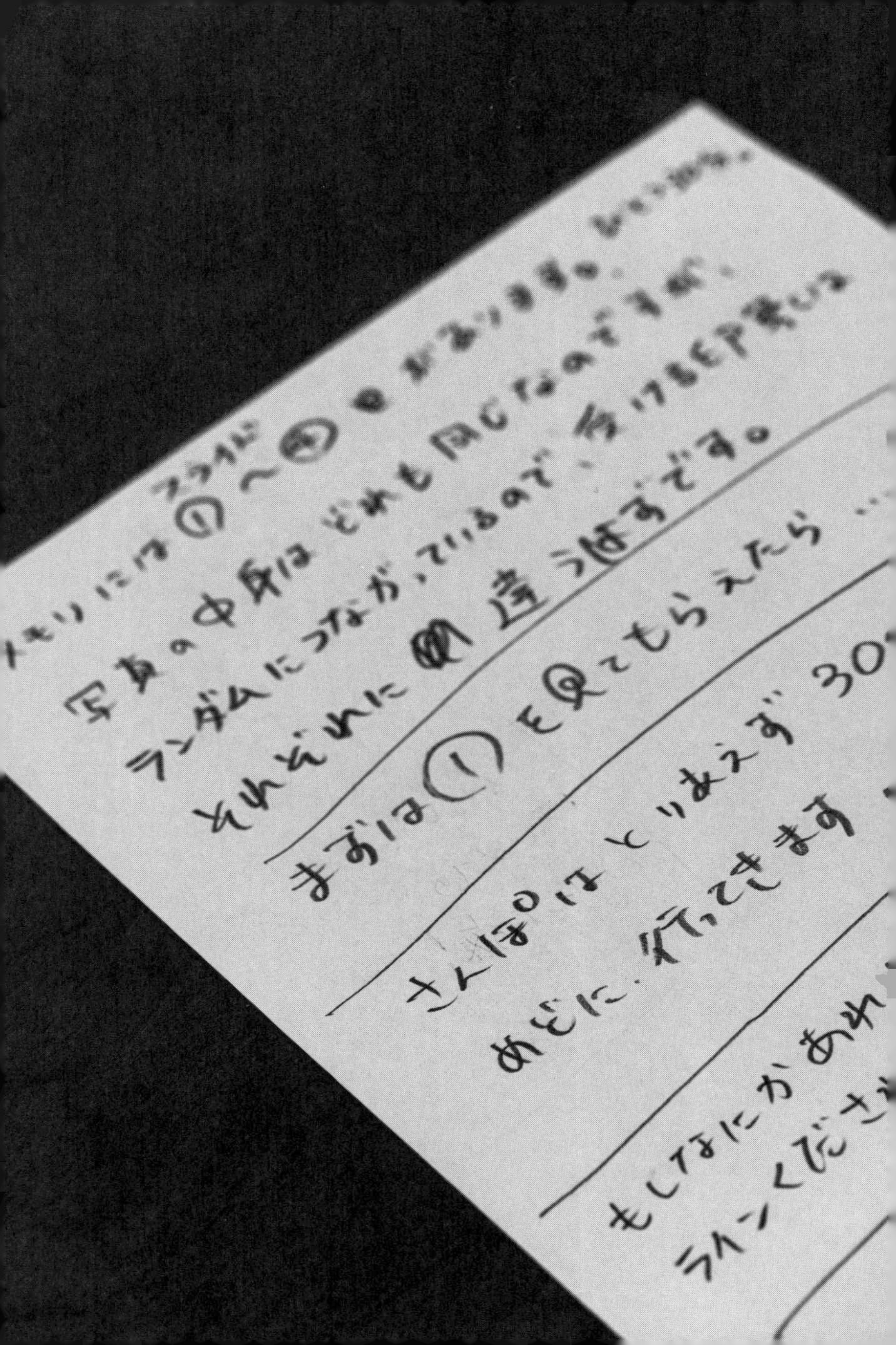
入り口には スライド ①〜⑩
写真の中身は どれも同じ
ランダムにつながっているので
それぞれに 違うはずです。
まずは①を見てもらえたら
さんぽ回は とりあえず 30
めどに 行ってきます
もしなにかあれ
ライン くださ

筆談を休憩して、陽道くんが樹くんと小雨の中お散歩へ。樹くんはわざわざ大人用の大きな傘を差して出掛けました。

そのあいだに部屋の明かりを消して、陽道くんの撮った写真のスライドを見ました。

二ヶ月ほど前、東京で開かれた個展の筆談トークショーで上映され、もう一度見たいと私がリクエストしたら、陽道くんがDVDに焼いてさらに新しいバージョンのものを持ってきてくれた。インスタレーション『あわい』。

何のつながりもないはずの、隣り合った写真と写真。一方が消えかかる瞬間に、次の写真が重なって、見えないはずの何かが立ち上がり、『あわい』の像が生まれる。

傷だらけのボクサーの額に流れる血の赤が、気づけば深紅の花になる。

そしてまた流れて、次の像が現れる。まるで、いままで見ていたものに、「あなたは、頭でっかちな言葉で世界を決めつけているね」と言われているみたいに。

筆談トークショーのとき陽道くんは、「その『あわい』にまったく違う何かをみつけたとき、とても心が動く。つぎつぎに自分の中で関連するものを見いだすとき、神聖さを感じる。いや、（神聖さを）取り戻せた感があります。言葉より広い世界。言葉では表せないという感動」と、書いていた。

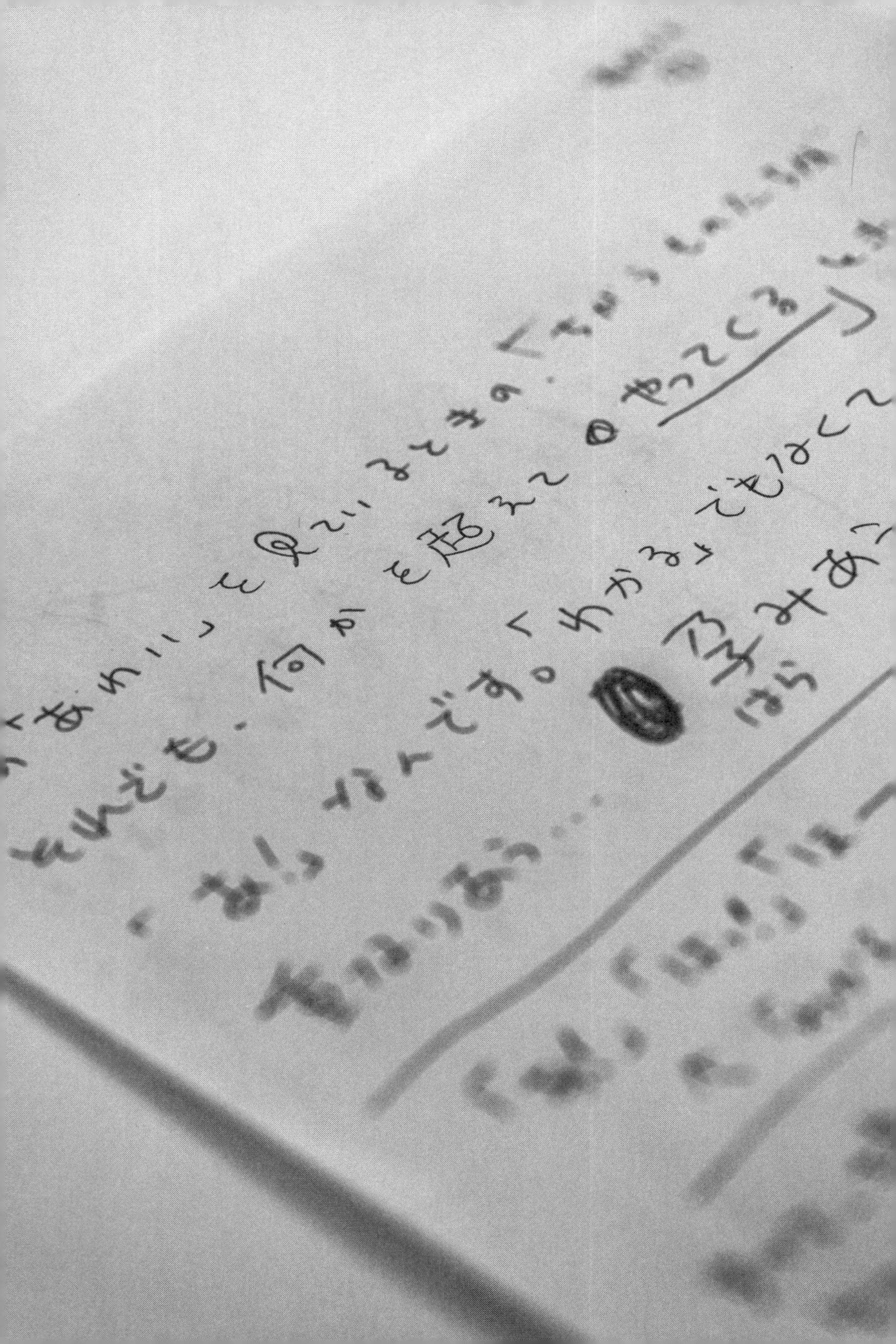

それでも、何かを感じて
わかるように

齋藤　この「あわい」を見ているときの、「ちがうものたちが、それでも何かを越えてやってくる」ときが「あ！」なんです。「わかる」でもなくて……重なりあう……、孕みあう……。

高山「わかる」ではなくて、「あ！」「はっ！」「ほー！」「ふーっ！」と体ごとなって、「あわい」を見ていました。

すべて、境がないんだなと思いました。生きている人も、死んだ人も、海も、石も……病気も、病気ではない。

生まれるのも、死ぬのも境がない。たくさんのものがそこにはある。

けれど、一瞬でもある。

死ぬのがこわくなくなります。

いろんなことを思ってしまう。

「は！　そうなのかー」と気づいたり。

だけど、こうやって言葉にすればするほど言えていない。

でも言いたい。うまく言えない。

齋藤「あわい」の感覚を言葉にしようとするときの「うーん」が、ぼくにとっての言葉にする悲しみなんです。

世界は本来、語りえないものでつかさどられているのだから、それに対する態度も沈黙でなければならないと思うんです。

でもその唯一の沈黙をやぶろうとしていることへの、いたたまれなさ……

だからせめて自分自身の感覚にちかい言葉をといつも思います。

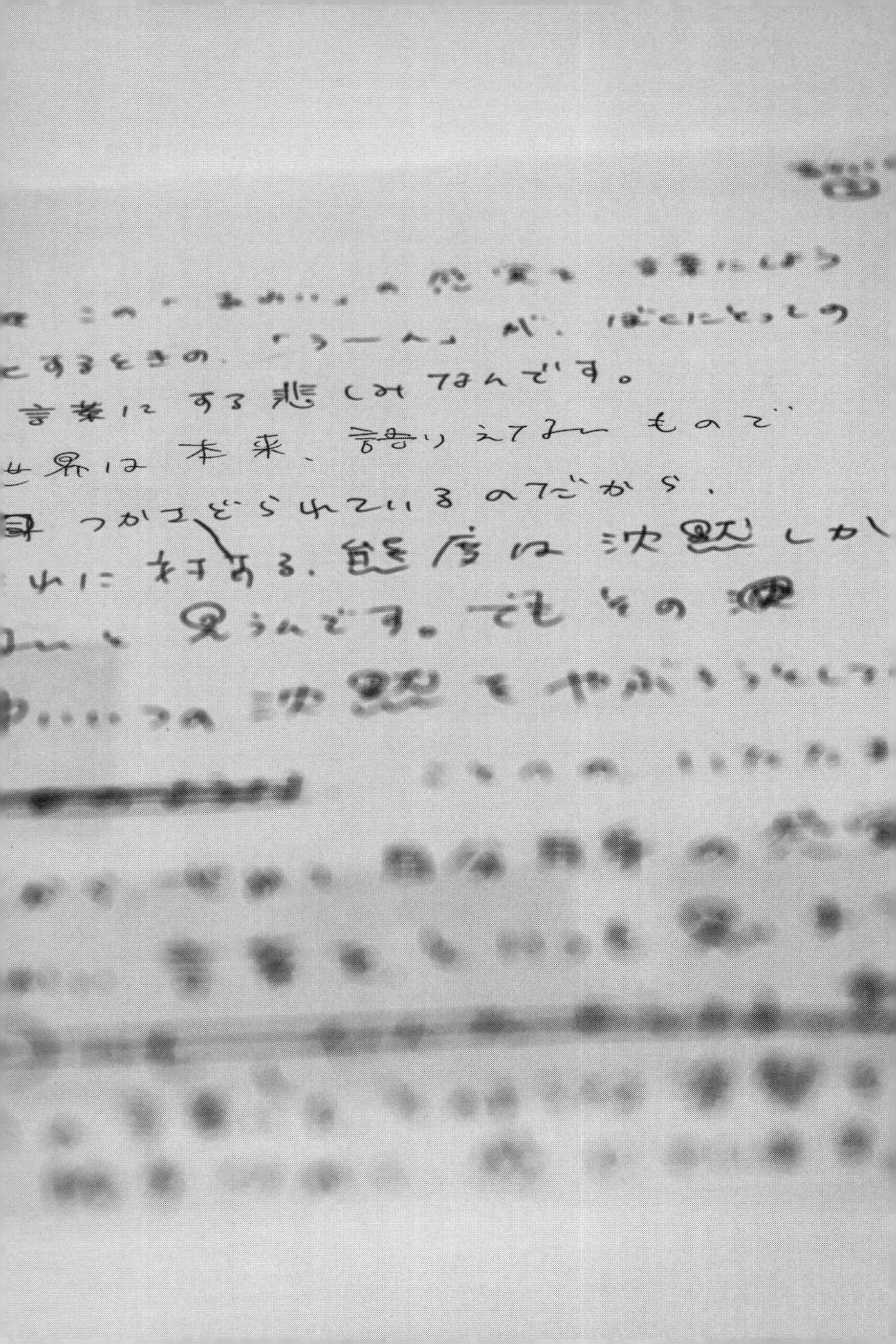
言葉にする悲しみなんです。
世界は本来、語りえないもので
つかさどられているのだから。
に対する態度は沈黙しか
思うんです。でもその
沈黙をやぶろうとして

（な）の言葉にもそのような姿勢を勝手ながら感じています。

高山　私もそう思っているかもしれないです。

自分自身の感覚に近い言葉をさがすのはたのしい。たのしみ。

でも、私のは「悲しみ」というのではないかな。

「もどかしい」けれど、世界は、語り合えないものでいっぱいなことが、むしろ、ありがたく、豊かな気持ちになります。

まだ、未知のことばがいっぱいだから。

それは、文だけでなく、詩でも、物語（おはなし）にも変換することができる。

（は）の「あわい」は、もうできています。

「あわい」は、ことばだと思う。

齋藤　あぁー。むー。改めて、（な）のことばをうけてみて……あぁ、やはりぼくは「悲しい」んだなと思いました。

この「悲しさ」が文章に突き進めない原因なんだなとも。

写真をもっと撮って「あわい」の世界を深くさせたいなあ。ただただそう思います。

高山　沈黙がいちばんだと思っているのですね？

齋藤　あれ、そう言われると、ちがうかなあ。

いちばんとは思わないけれど、沈黙の価値をとりもどさないとならない、という危機感はずっと抱えています。

高山　世の人々が？　それとも（は）が自省しているのですか？

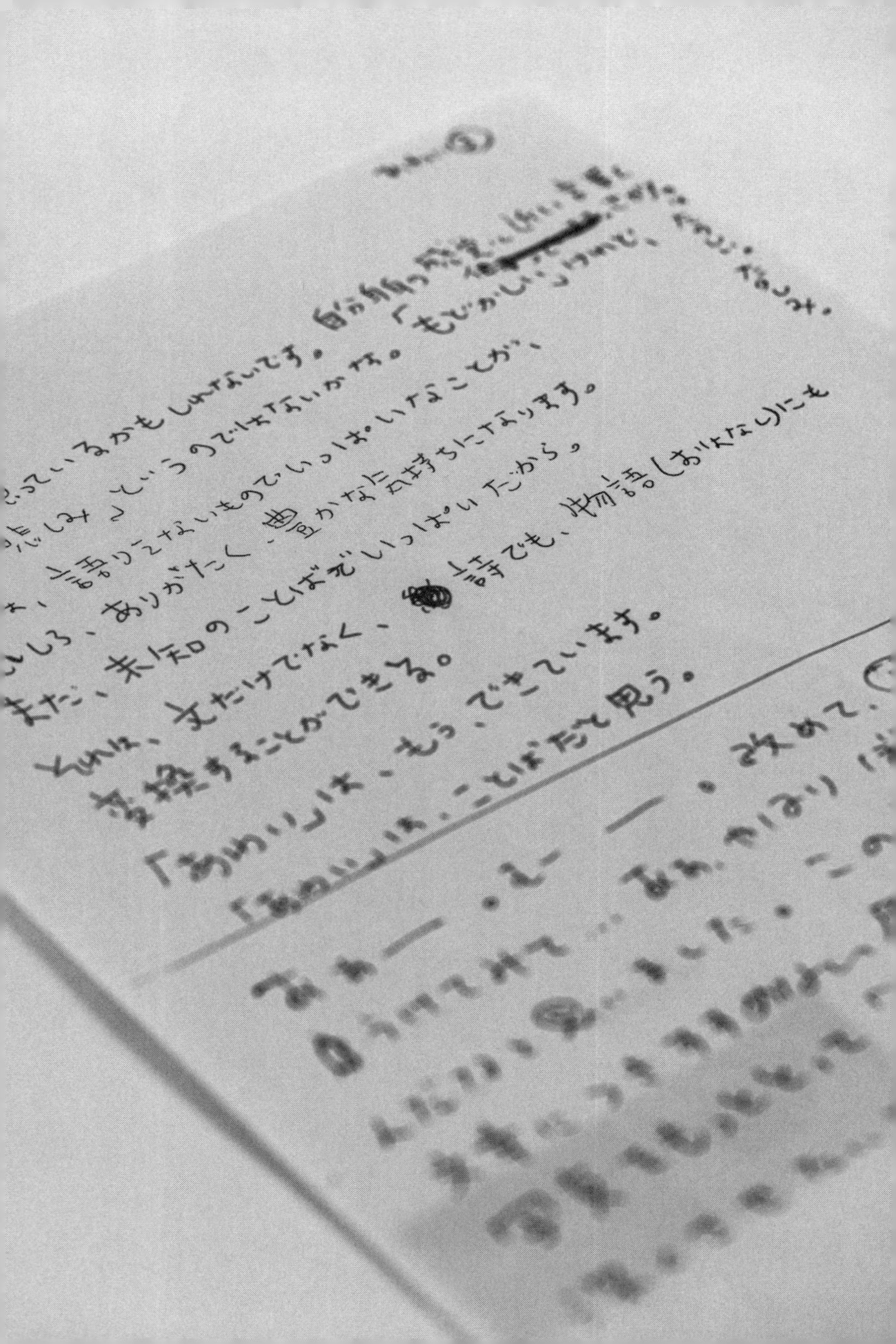
っているかもしれないです。自分自身の
悲しみ」というのではないかな。「むずかしい」
、語りえないものでいっぱいなことが、
しろ、ありがたく、豊かな気持ちになります。
また、未知のことばでいっぱいだから。
それは、文だけでなく、詩でも、物語しおりなりにも
記録することができる。
「あめいじは、もう できています。
「あめいじは、ことばだと思う。

齋藤　自省です。

高山　私もとても同感です。「語りえない」と思って、黙ること。

かんたんに言葉にしないこと。

そのようにしている人を見ると、なんて自分は言葉（しゃべり言葉）にまみれているのだろう…と思う。

子どものころは黙っていました。

そのことを、このごろ、よく思い出します。でも、書きことばで、黙ることも含めて、表したい。表せそうな気がする。

齋藤　ほんとうに。

よりよき沈黙を導くものとは、ただ単に黙ればいいということでもなく、ぐっとこらえてせきとめるようにする。その姿勢にこそあるんだと思います。

人の姿勢がしゃんとなるようなものを、書く、撮る、料理する、描く。

結局、そんな、遠まわりのような行為しか、できることはないよなあと、思います。

高山　「こらえる」って、いいですね。

「これでいいのかな？」「できてないなあ」「でも今はこれしか出せない。せいいっぱい」と思いながら、私も書いている気がします。

料理は目の前にいる人のためには作れるけれど、料理本はなかなか作れません。「これぞ！」という料理は、ほんとに少なくて。そうなると、何冊も作れないんです。

話は変わりますが、私は（は）の声（話し声）を、とても良いなと思います。

初めての「キチム」で会ったときには、声が出ていなかった？

あるいは、私がどぎまぎしていて、（は）

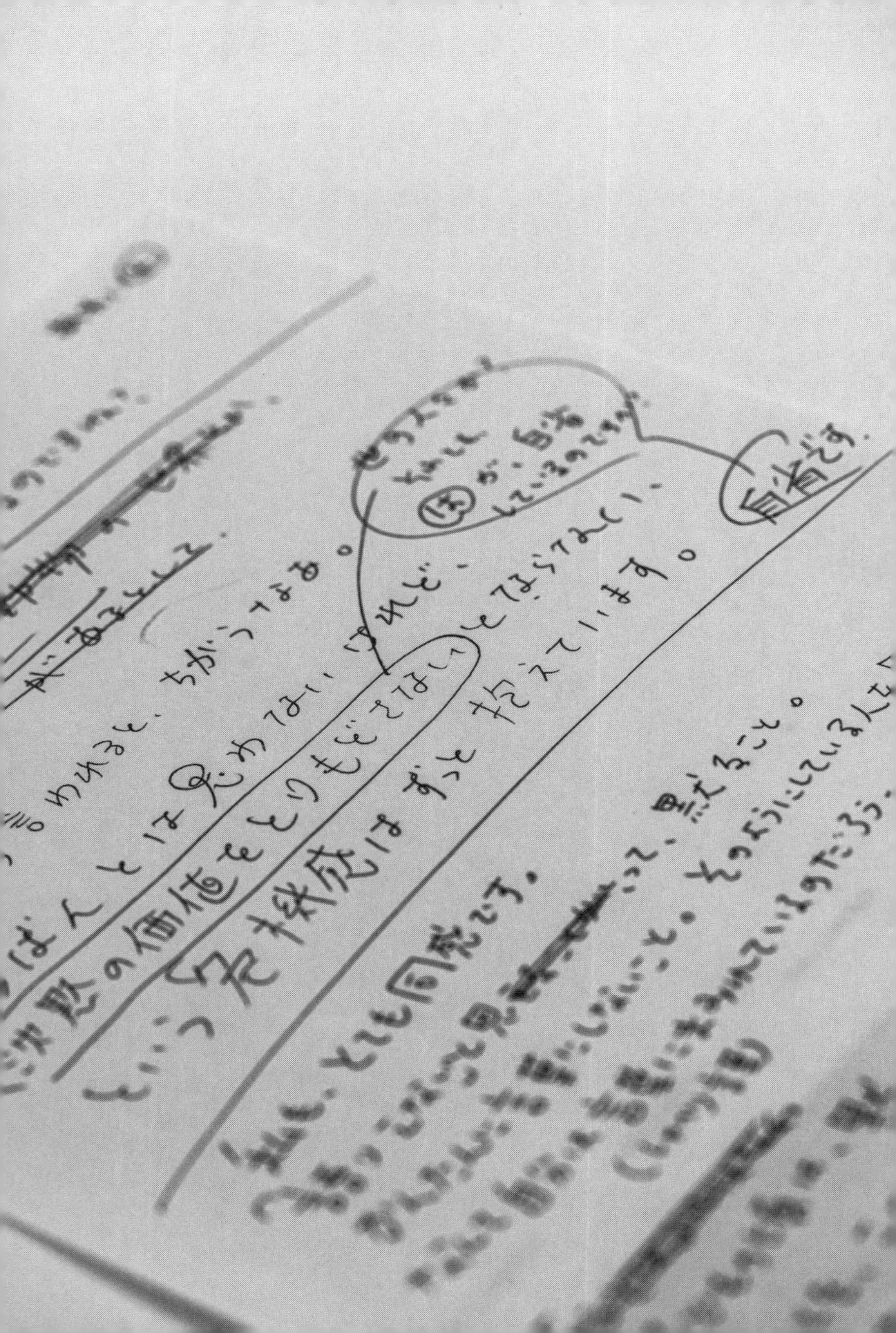

ほんとは思わないけれど、
の価値をとりもどさなくてはならない
という多様性はずっと抱えています。
私は、とても同感です。

の声を聞こうとできなかったのかもしれないけど。
今は、(は)の声は、とても良い声。とても「本当の声」だからだと思う。

うそのない声。
本当のことばの声と、聞こえます。
叫んでいるときの声にも似ています。
「あわい」の写真の中で、女の人が、大きく口を開けて、叫んでいるような写真がありました。(まなみさん?)
私は本当の「声」を感じました。それは、たとえば動物や風とも重なる、本当の声。

齋藤　いつきさんが生まれるとき、ものすごく沈黙を感じたんです。
そこにすべてがギューーーーっと向かうような。

そうした、深い沈黙を一度でも知ったり、触れたりすると、自分をごまかすような声って出せなくなります……いや、なりました。

「本当の声」、写真でうかびあがらせたいです。

おふろ!
高山　私は、(は)の声も、「ことば」だと感じます。

感じたんです。
ずこが ぎ————って
ような。
ったした、深い沈黙と一度でも
知ったり、傷ついたりすると、
自分をごまかすような声って
出せなくなります……いや、なりました。
「本当の声」宇宙でうかびなが
たいです。おふろ、
は、(は)の声も、ことばだと感じ

筆談に夢中で、気づけば外は真っ暗。夜の八時を過ぎていました。

翌朝、三人で朝食を食べ、ふたりは電車に乗って海辺の町にある水族館へ。そして、まなみさんの待つ東京へと旅立っていきました。

その朝私は、ふたりよりも早く目を覚まし、パソコンに向かいました。陽道くんに手紙を書いていたのです。

私の手もとには今、陽道くんに渡した手紙と同じものがあります。

「言葉」や「ことば」にしても、考え続けても埋まらない、私たちの間にあるどうしようもないへだたり。目の前にいる陽道くんに、はじめてきちんと向き合ったことで生まれた、ひりひりとした気持ち。手話を知らない私にとって、陽道くんの声は、震えを伴いながら胸に届く生身の「ことば」でもありました。

どうしても手紙を書かずにいられなかったその朝には、まだ気づいていなかった。

今、これを書きながら思います。

筆談の日と手紙を書いた朝。それが私と陽道くんの「異なり記念日」だったのだと。

最後に、ご本人の了解を得て、陽道くんに宛てた手紙の全文をここに載せさせていただきます。

陽道くんへ

きのうは、長い時間、ありがとうございました。

おのおのに深くもぐる時間、軽やかに対話する時間。

ときどき吹き込んでくる、樹くんの風。嵐。甘く愛らしい風。

その往ったり来たりは、

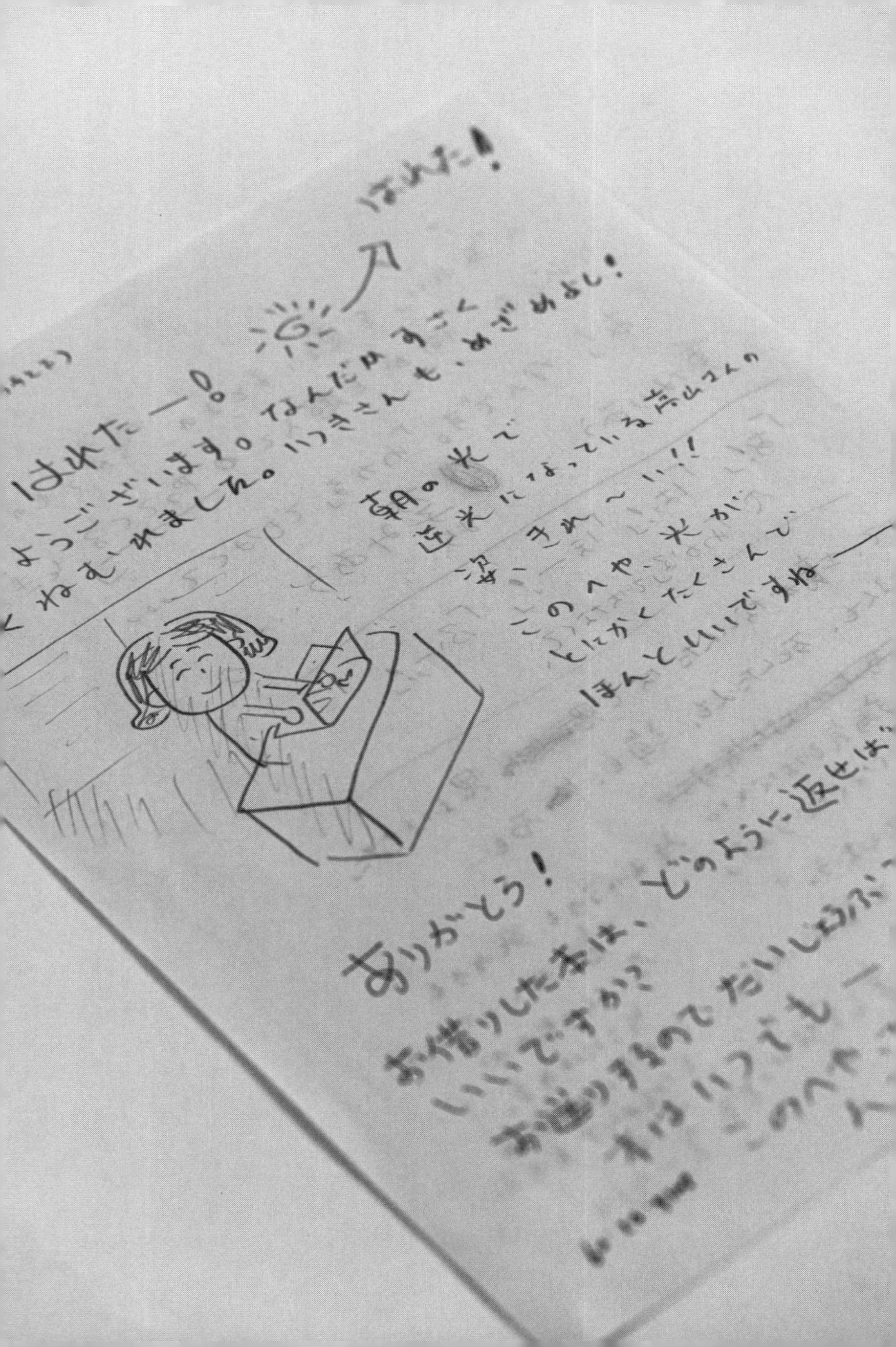
はれた!
はれたー。
ようございます。なんだかすごく
ねむれました。いつきさんも、めざめよし!
朝の光で
逆光になっている吉山さんの
姿、きれ〜い!!
このへや、光が
とにかくたくさんで
ほんとにいいですね
ありがとう!
お借りした本は、どのように返せば
いいですか?

マラソンしているようでもありました。

頭や気持ちだけではなく、体を使った対談でした。

とても貴重なときを味わいました。


楽しかった。

でも……同時に、
伝えるというのは、楽しいことだけはなかったなあというのを、思い出す場面も何度かありました。

伝えるということは、目の前にいる相手との違いを、強く感じることでもあるから。

いちど体から出した言葉は、もう、戻ってはこないので、自分は、ひとりだなあと感じます。


私たちはきのう、しゃべり言葉と書き言葉の間にある、名付けようのない言葉を使って、対話をしました。

しゃべり言葉（手話にあたいするものでしょうか？）は、口から出たとたん、お互いの間に瞬間漂ったのち、気体のように消えてゆくところがあります。

相手の発する言葉の、聞きたいことだけを聞いて、聞きたくないことは聞かずにいることもできる。

それを文字にしたら、書いたそばから薄くなって、空に消えてゆくような、イメージ。

でも、きのう私たちがしていたのは、お互いの体から出たとたん、紙に定着されていった。

そのことは、おもしろく、とても珍しい体験で、昂揚《こうよう》することでもあったけれど、今は、少し、痛いです。


沈黙のことを、考えています。

陽道くんが、「悲しい」と書いたことについて、考えています。

陽道くんがいる世界は、どのようなところなのだろう。

私と、どういうふうに違うのだろう。

どういうところが、いっしょなんだろう。

それがとても知りたくて、対談を申し込みました。

「Hの字で寝る」の写真を見たとき、見えないもの（人の気持ち）が、はっきりと目に見えることに衝撃を受けました。

私が信じていたものが、目に見える！　ということに。

でも、『異なり記念日』と『声めぐり』を読んだだけで……「あわい」の写真を見ただけで、目の前にいる陽道くんを感じるだけで、そのことを、「分かった」ような気になっていた自分が、恥ずかしくなります。


言葉は、怖いです。ことばも、怖いです。

でも、信じるしかない、とも思っています。

私は、自分の体に傷をつけ、出てきた言葉を綴っている人の文を読むのが好きです。

本を書くというのは、第三者にそれを読ませるというのは、自分を傷つけることでもあるという。そういう覚悟がないと、紙に定着してはいけないのではないか、とさえ思っているところがあります。

この世界に生きている、ある人物。

ある人物というのは、自分なのだけど。

自分の体と感覚を実験台にして、外にさらけ出してみせる覚悟。

（さらけ出すというのは、何もかもを暴露するということとは違います）

傷つけて出てきた言葉を、万人に伝わる文にして、昇華させるということです。

私は、陽道くんの二冊の本は、そういう本だととらえています。

陽道くんは、自分の体を切ることで、耳が聞こえない人たちの世界を開いてくれたと思っています。

だから、たくさんの人たちの心が揺さぶられたのだと思います。

さらに、「あわい」の写真は、さらに、大

きく開かれたものなのかもしれない……。

私も、自分の書いたものを、身近な人に理解してもらえないのが、いちばんこたえます。

誰のために、なんのために書いているのだろうと、分からなくなります。

自分がとても汚い人に思えてきます。

だから、「書きたくない」ときには、「書けない」ときには、書かなくていいんだと思います。

編集者には、いつまでも待ってもらってよいのだと思います。

私は、陽道くんと対談ができて、ほんとうによかったなあと思います。

自分のことを、省みることができました。

自分のこと。まだ、分からないことが、たくさんたくさんあります。


陽道くんと、樹くんのふたりを、私のところへ旅立たせてくださったまなみさんは、きっと、大きな勇気がいったと思います。

そのことを、おとといからきのう、今日と、とてもありがたく感じています。

心から、感謝いたします。

とにかく、楽しかった！

たかやま　なおみ

すっぱ〜い
さくらづけを
うまうまとたべた
(い)きさん。
ぷちとまと

画家
中野真典

対談日：２０１９年6月26日

献立

しらすをのせた豆腐（ごま油、塩）、焼きオクラ（中野さん作・塩）、ポルトガル風トマトのサラダ（赤ワインビネガー、塩、オレガノ、なたね油）、インスタントのソース焼きそば（具なし、中野さん作）、串カツ（じゃがいも、南瓜、しいたけ、塩、ソース、醤油、大根おろし、自家製マヨネーズ）、ご飯。

中野さんから、おすすめの本

『貧者の宝』
モーリス・メーテルリンク著／山崎剛訳　平河出版社
これは、なおみさんが東京にいるときにプレゼントした本なんですが、これしか思い浮かびませんでした。

中野真典さんと出会ってから、五年になります。

絵に出会ったのはもう少し前。

そのころ私は、『どもるどだっく』という絵本を作っていて、絵をつけてくださる方を探していました。

『どもるどだっく』は四歳ごろの私の話。

図書館でいろいろな絵本作家の絵を見ては、うーん、どうしよう。あのころに見えていた世界は私しか知らないから、やっぱり自分で描くしかないのかなあと、思いはじめていました。

ある日『おもいで』という絵本が、本棚の上に立てかけてあったのを、(こんな子どもみたいな絵を、大人が描けるんだ)と思って、借りて帰りました。

読んでみたらお話がとてもいいし、絵にもひっかかりました。

近ごろの絵本は私には甘過ぎる。いいことだけ、きれいなものだけ、楽しいことだけ。

『おもいで』は違いました。

そこには悪いことも、いやなことも、喜びも、怖さも、哀しみも、死もあるし、絵が正直でした。

目には見えないところ、見えなくてもれっきとあるものを、そのまま描いてありました。

輪郭を取らず、下描きもせず、ひと息に描き切ったみたいな絵。

描いているうちにそうなってしまったから、このままいじらずにおこう、というような絵に見えました。

穢《けが》れのない空気の中には、残酷さも見えました。

こんな絵を描く人がいるんだな……と思って、ホームページでお名前を調べ、たまたま一週間後にやっていた展覧会を見にいくことにしました。

ちょうど、私の大好きな木皿泉さん（ご夫婦で共同執筆の脚本家）が新しい本を出して、めったにないことなのだけど、トムさん（旦那さん）もサイン会にいらっしゃるというので、おふたりに会いにいくのと絵を見る目的がふたつ重なったから、えいやっ！と決めて、大阪に出かけました。

それが、対談にも出てくる「空色画房」です。

二〇一九年の初夏、中野さんの自作絵本『ミツ』の展覧会が東京であったとき、中野さんは装幀を担当された小野明さんとトークをしました。

沈黙の時間をたっぷり挟みながら、絵を描くこと、言葉を紡ぐことについて、中野さんはぽつりぽつりと話していました。

言ったそばから消えてなくなりそうな言葉を、私はノートに書きつけました。

「動かないものは、僕は、中がとても豊かだと思うんです。反射板みたいに、中が動いている」

中野さんと、対談をしてみたいと思いました。

さて、当日の朝、私はHさんとAさんにメールを送りました。

「中野さんとの対談は、なんとなしに、だらだらと……ではなく、ある程度の時間の中で臨むのがよいのではないかと感じています。きりっとした中で。私は耳をかっぽじって挑みます。はじまってみないと分からないのだけれど、今日は、日暮れくらいをめどに、お開きにしましょうか」と。

三人が集まると、中野さんのご要望で、コーヒーも何も出さずにはじめることになりました。

私ははじめる前に、おにぎりをひとつ食べました。

対談はけっきょく、夜まで続きました。

高山　「僕は最近、絵を描いていないんです」って。ついこの間、展覧会のトークで話されていました。本当に何も描いていないんですか。

中野　描いてないです。まったく。３週間目に入りました。

高山　じゃあ、何をしているんですか。

中野　家の倉庫の整理をしています。倉庫の中2階に、10代のころから描いていた絵があるんです。おじいちゃんがそろばん職人で、そこはもともと工房だったから何から何までごちゃごちゃ入っていて。鉋《かんな》は30丁、40丁とあります。

A　そろばん職人！　中野さんのご実家がある、小野といえばそろばんですもんね。

中野　珠を削って、軸に通して、組み立てて……。軸や枠を作るところから、すべて自分でやっていました。だからとにかく物が多い。物を作り出すために、道具も作るもんだから、どんどん増えていく。「これ何？」っていうものがたくさんあります。僕が生まれたときにはそろばん職人を辞めて、僕の父親がはじめたカーテン屋を手伝っていましたけどね。

A　それで今、倉庫の整理をしているんですか？

中野　うん、なぜだかそういう時期に来ている。

高山　毎日、朝は早起きするんですよね。

中野　朝5時に起きます。

高山　絵を描く部屋があって、ふだんならそこで朝はぼーっとするんでしょ？

中野　できるだけ何も考えない状態を作る。瞑想みたいな大げさなことじゃないですよ。それからコーヒーを淹れて、少しずつ動き出します。1時間くらいはぼーっとしている。ゆっくりゆっくり、朝は動いていく。確かめる感じで。

高山　コーヒーを飲んだら、タバコを吸って、それで、ふだんなら絵を描くんですよね。

中野　いや描かないです。訪れてきたら、描きますけど。

高山　訪れてきたら。

中野　試練みたいには描かないです。約束事みたいには描かない。描かなきゃっていうのもないですよね。一時期はありましたけど。

高山　会ったばかりのころ、「僕は貧乏性だからつい描いちゃうんです。毎日描いています」って。そうメールに書いてらしたこともありました。そのときはそうだったんですね。

中野　うーん、なんか決めてないんですよね。僕はまだ自分が絵描きだともはっきり分からない状態だから……。「死ぬまで描き続ける」と思いながらやるより、「いつ自分が終わってもいい」と思っている方が、大事な気がしています。「もう描かなくなってもいい」っていう状況になることを考えた方がいい。ずっと描いていくって思うよりも。そうなることを覚悟できるように、毎日生きたいなって思っています。

高山 いつ描けなくなるか……。

中野 分からない。分からないですから、本当に。

高山 いつ何も描けなくなるか分からない。描けなくなってもいい。

中野 そんなふうに考えるようになったのは、最近ですよ。今までは、なんとはなしに、ずっと描いていくんだろうなって思っていたんですよ。だけど、ちょっと待てよ。そんなはずはないだろうって、思いはじめた。ずっと当たり前のこととして描いてきたんです。以前、「SELF-SOアートギャラリー」（大阪・西天満、その後、京都・西陣で営まれ、2014年閉廊）の村上稔さんが展覧会の推薦文で、僕のことを書いてくれたんです。中野真典はこういう人って。それを読んで、よけいそう思ったのかもしれないけど。——当たり前に描く。ただ描く。目の前にあること、感動したことを、ただ描く。記憶に残ったことを、ただ描く、その行為だけがある。そこにはなんのコンセプトも、いわゆる自我のような、「見せる」ということに対するものが、ほとんど感じられないって。自分はそういうところで描いてきたんだって、村上さんの文章に思って。そこから少しずつ描くことが変わってきたというか。当たり前に描けなくなってきた。意識し出したんだと思います。「見る／見られる」という関係が、どうしても展覧会ではある。自分ひとりで描いて、それで終わりではない。そのへんを強く意識するようになって、絵が変わってきました。それまで当たり前のように描いてきたのが、なんかちょっと違う感覚が出てきました。

高山 それは、どういう感じですか。「見せる／見られる」っていうのは。

中野 そこにすごく葛藤があります。僕にとって「見せる」ということは大事なことではない。「見られている」ことが、大事なんだと思います。

高山 それは……意識的じゃなく、描くということかな。

中野 「見せる」が勝つと、とんでもなくつまらない。「どうだ、見てくれ」みたいな絵になるんですよね。「これが僕だ」っていう。そうじゃなくて、「見られている」ということを、僕は強く意識したいなって思います。だから、「恥ずかしい」っていう絵を描きたいです。で、それを見せる。なおみさんもときどき、「恥ずかしい」って思うときがあると思いますけど。こんなのを見せたら恥ずかしいっていう。

高山 そうかもね。それが、書きたいということの、はじまりかもしれない。恥ずかしいとか、痛いとか。

中野 それが「見られている」ということと、つながっている気がするんです。ひとりで「恥ずかしい」って思わないでしょ。誰かがいるから、「恥ずかしい」という感情が出てくるじゃないですか。

高山　そうね、そっかそっか。

中野　実際に見る人の目線だけではなくて、僕には、遠くから誰かが見ている感覚があるんですよ。目の前の人が見るというところもあるけど、もう少し引いたところでも「見られている」感覚がある。例えば、鳥もそうだし、この世にいない人も見ている。いろんなものに「見られている」感覚って、僕はすごく大事な気がする。

高山　鳥！　最初に絵を描きはじめた、そもそものきっかけは、覚えていますか？

中野　描きはじめたきっかけは、よく分からないんです。どうして絵の大学に進んだのかも。

高山　子どものとき、絵が好きだったとか？

中野　そんなことは全然なくて。子どももみんなが描く程度です。

高山　じゃあ、なんで美大だったんでしょうね？　中野さんのHPには「家族みんながものづくりをしていたから」というふうに書いてありました。

中野　確かにそれはあったと思います。だけど、絵とは思ってもみなくて、勉強をしていたわけでもなく、適当にやったのに、受かったんです。

高山　大阪芸大でしょう？

中野　そうです。だけど、大学に入ってからも描いてなくて。大学時代に知り合った先輩が大きかったです。はじめて好きになった人です。下宿先の近くに、石川という大きな川があって、大学1年のころ、毎日そこでぼーっとしていて。あるとき、なんでだったのか、女の子が話しかけてきて、どういう話の流れだったかも忘れたけど、「おもしろい人がいるから会ってみませんか」って。そうして連れて行かれた、6畳一間に、ある男性がいた。それが平田さん。僕はすごく好きになってしまって、憧れの人になっていくんです。最初に会ったとき、なんか分かんないけど、こんな人見たことないって思ったんですよね。

高山 平田さん、どんな感じだったんですか？

中野 きもの姿で、ただ座って、お酒を飲んでいるんですけどね。それから遊びに行くようになって、5、6年、毎日毎日、ふたりで酒を飲みました。

高山 毎日会って、何をしているんですか。

中野 取り立てて何もしていないですよ。何もしゃべらずただ酒を飲んでいる。

高山 レコードを聴いて。

中野 そう。その後、平田さんと、ダンサーの田中泯さんが主宰する、「アートキャンプ白州」（1988～1998年、山梨県・白州にて開催）に参加するようになりました。そこでいろんな人に会っていくんです。ダンサーを中心に、アーティストがテント暮らししながら、ワークショップやパフォーマンスをする。そこでの経験が、僕の礎というか、軸を作っています。

高山 そのころの中野さんの話、私、好きです。「僕の青春時代は、山の中で木を切っていました。お風呂に入らないんです」って言っていましたよね。

高山 お風呂は、あることはあるけど、あまり入らなかった。「汗をかくと塩がふいて、僕の体を塩が守ってくれるんです」って。そんな生活って、一体どんなだろう!?って。「ポレポレ坐」のきさらちゃんと知り合って、彼女も子どものころにアートキャンプに参加していたので、きさらちゃんに聞いたおかげで、だんだん白州のことが分かってきたんだけどね。どんなところだろうって思いましたね。

中野 そのころは、絵を描いていました?

高山 絵の展覧会をはじめたのは19歳のとき。きっかけは、大好きだった平田さんに見てもらいたかったから。個人的に見せることもできたけど、なぜかそれが許せなかったんです、自分の中で。誰でも見られる場所で見てほしいっていうのが、展覧会のきっかけだった。公の場所で、そこに来て見てほしい。それがたまたま、「SELF-SOアートギャラリー」だったんです。

中野 場所を探したんじゃなくて、たまたまだったの?

高山 いい場所があるよって、白州で出会った友人が紹介してくれたのが、そうだった。

中野 なんか全部つながっていますね。河原で会った女の子が引き合わせてくれて。

高山 そういう時期だったんですかね。不思議ですよね。自分で選んでいるわけではないんです。

A　そのときはどんな絵を描いていたんですか？

中野　当時は100号とか、200号とか。その窓一面全部くらいの、大きな絵を描いていましたね。油絵ばかり。抽象だか、具象だかよく分からない絵。使っていた絵具は、赤と白と黒だけ。吐き出すように描いていました。

A　自分を吐き出す手段が、絵だったってことですか。

中野　なんかね、絵しかなかったんです。他は考えられなかった。絵を描く大学に入って、絵を描く道具を買って、たまたまそこにそれがあったから。自分の中から何か出てきたとき、目の前に絵具と筆があった。ただそれだけのこと。

A　じゃあ、踊りもありえたってことですか。

高山　それは思いますよね、泯さんのところで過ごしていたのだったら。白州では、ステージを作っていたんでしたっけ？

中野　舞台や客席を作っていました。

A　舞台美術ですか？

中野　舞台美術っていうほどじゃないんですけどね。野ざらしなんです、山の上に作っているので。とにかく、その修復。毎年、夏に行くので、一年間野ざらしでボロボロになっているんです。木が足りなくなれば、山で木を切って。自分たちで全部、何から何までやっていた。もちろんお金なんか出ないですけど、みんなで農業もやっていたので、食うものだけはありました。畑、田んぼ、家畜。鳥をさばきました、子どもも一緒に、「ポレポレ坐」のきさらも。だいたいは大人がやりますけど、子どもたちは羽根をむしってね。町の人を招くとか、特別なときだけで、ふだんは野菜しかないけど、焼くだけでおいしかった。

A　夏が終わったら解散するんですか？

中野　そう、いたい人はいてもいい。そのままいついちゃう人もいました。浜さんは帰れとは言わないから。来る者は拒まず、去る者は追わず。

A　アートキャンプに行っているときは、絵は描いていました？

中野　ますます描くようになりましたね。いっぱい体の中に入って、夏が終われば帰ってきて、入ってきたものを出して……、すごい描いていた。なんぼでも出てくる。

高山　そっか。平田さんも絵を描いていましたか？

中野　描いていなかったけど、大阪芸大出身です。6歳上だったので、大学にはもう行っていなかったけど、近くに住んでいました。同じ専攻だって、あとで知って、見せてほしいと思ったけど見たことはないです。

A　一回もないんですか⁉

中野　一回だけ。「僕は小さいとき、神童って言われていた」って言って、一回だけ見せてもらいました。めちゃくちゃ上手かったです。線でさらっと描いているんですよ、少女みたいなの。ああ、これは描けないと思いました。

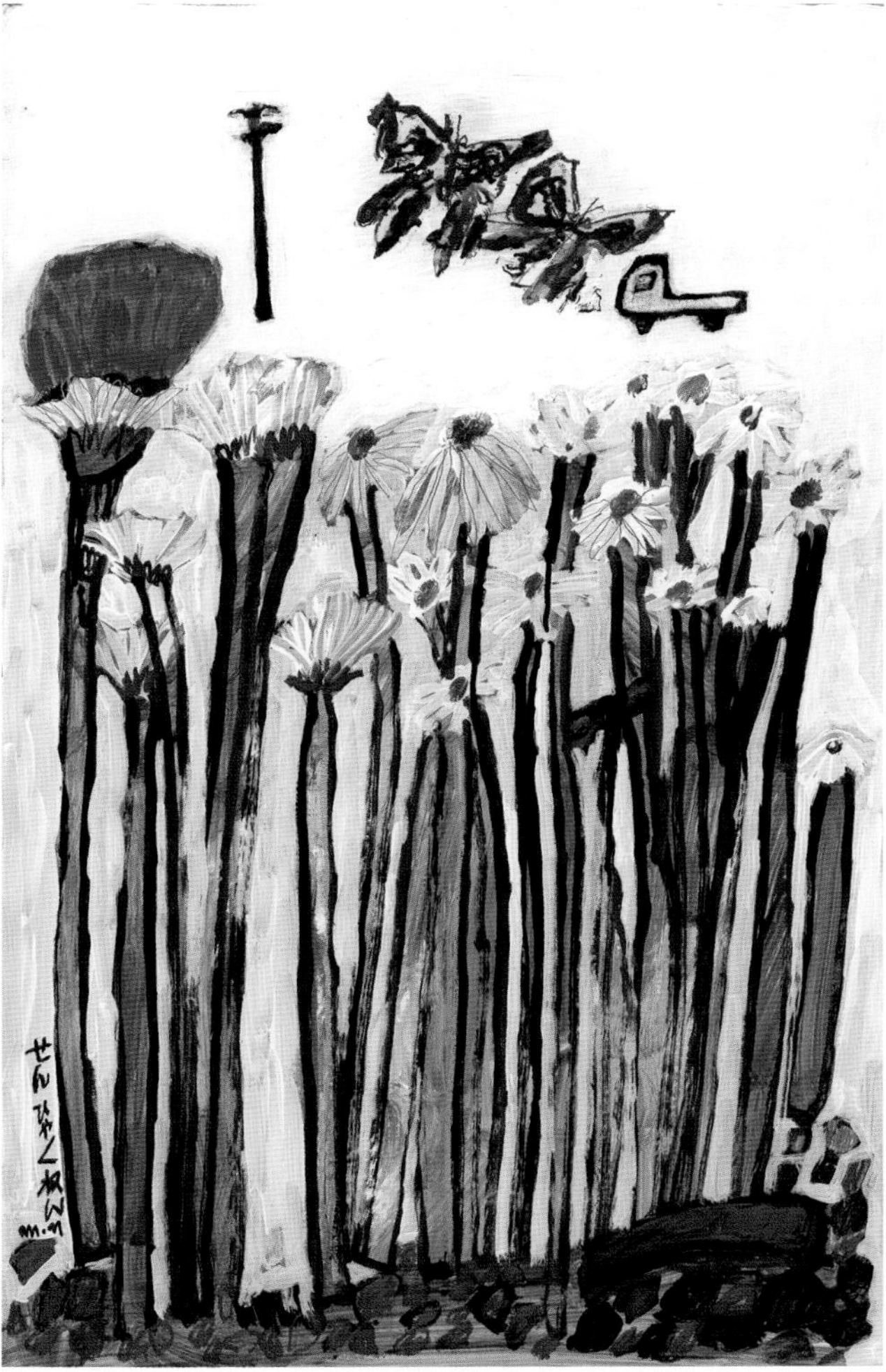
せんひゃく枚め
m.m

2017

高山　上手だったから？

中野　上手いっていうかね、線が痛いんです。キレそうなんです、触ったら。これはすごいなって。よく僕は自分の絵を見せたなって思います。平田さんは、今は建設現場で働いているみたいです。

高山　きさらちゃんやアートキャンプに参加していた人たちから聞いた話では、中野さんは全然しゃべらなかったって。大人ばっかりの中で、中野さんだけが遊んでくれたんだけど、とにかく何もしゃべらなかったって。「いつも白い長袖のシャツを着ている、遊んでくれるお兄さん」だったと、きさらちゃんが言ってました。

中野　しゃべらなかったですね、「ホホホ座」の山下さんほどじゃないけど。

高山　しゃべらないようにしていたんですか？　しゃべりたくなかった？

中野　なんだろう……平たく言うと、平田さんや山梨で会った人たちが、僕には本物に見えるんですよ。そういう人たちといると、言葉が出てこない。ここまで出てくる言葉もあるんですけど、これうそだな、これ言葉だな……というと、引っ込んじゃう。そういうので、吃るというのか、出ない。出すと、全部うそになってしまう、言葉が。ここで、とどめておきたい。

高山　「出すと、うそになる」っていうのは、思っていることが言葉と違うっていうこと？

中野　ずれているんですよね。

高山　思うことはいっぱいあって、言いたいことはあるんだけど、それが、言葉にするとずれがある。

中野　そう、うまく言い表せない。

高山　みんなはそれを上手にやれているっていうことですか。泯さんにしても、平田さんにしても。

中野　うん、言葉としてというか……上手い。いろんなものがかぶさっていないというか。

高山　それは自分が若かったから？

中野　いや、今でも。

A　今でも、ですか。

中野　だから今しゃべっていることも、適当なこと言っているなって……。

A　え、そんな！

中野　本当にそうです。

高山　よく一緒に話をしているけれど、中野さんは、そうなんだと思います。適当っていうのは、いい適当なんだけど。この間、ああ言っていたんじゃなかったかなっていうことが、次には違うことになっていて、もう驚かなくなりました。あのときはそうだったんだなって。だけど、ふつうは取り繕おうとするじゃないですか。ちゃんと輪郭をつけようとする。中野さんはそれがまったくなくて。だけど、そのときのことは本当なんだろうなって思う。今は、ずいぶんしゃべるようになったんですよね。

中野　しゃべるようになりました。

（しばしの沈黙）

高山　あ、はい。（言葉を）待ちます。

中野　Hさんからのメールに、「絵と言葉」ってありましたね。「絵と言葉は違うのか」。今回の対談で、質問したいこととして。

高山　あ、それは私がお伝えしたんです。でも、もう忘れている。適当ねえ、私も。

中野　絵は言葉なんでしょうか。

高山　絵は言葉かもしれないと、私は思っています。あと、中野さんから見える世界ってどんなふうなのかなって。自分が見ているものと違いを感じています。

あ、雨が降ってきましたね。ちょっと休みますか。

中野　いや、大丈夫ですよ。僕、話すのはやっぱり苦手なんですよね。たぶん今、こうやっているのって、今しかないと思うと、よけいしゃべれない。

高山　それで、いいんだと思います。

中野　対談にならないじゃないですか。

高山　私がひとりでしゃべって、中野さんは「……」でいいじゃないですか。それを正直にやるっていう。

中野　本にならない（一同・笑）。

H　どうして人は話すんでしょうね。話すときって、相手を分かろうとしてつい言葉を重ねちゃうじゃないですか。話しても分からないだろうなと思って、話さないんですか？

中野　そういうわけではないんです。ただ、大事なことは人に言わないものだと、小さいときから思っていたかも。自分にとって、本当に大事なことは言わない。しゃべってしまってもなくならないって、分かってはいるんですけどね……。

高山　壊れてしまうことはありますね、言葉のせいで。言わない方が伝わることはたくさんある。私は、すぐ言っちゃうんですよね。あったことを、なんでも言いたいの。子どものころにそれができなかった。言いたいときに言えなかった。言わなかったですね、私も、子どものとき。声に出すと変になるから、言わないで。でもなんか、そうね。簡単に言葉にしないみたいなこと、大事なことは言わないっていうのは、いいなって思う。それいいなって。

中野　なんかね。自分が本当にハッと思った瞬間って、「あ！」という言葉しか出ない。あれが本当の言葉かもしれない。それに追いつけるだけの言葉は、たとえ詩でも、それに敵うものはないんじゃないかな。絵を描くときも、その瞬間の、一点だけなのだと思います。描く必要のあるものって。他のものは余計なもので、その「あ!」が薄まっていく。だから、どこで止めるかが大事。

A　どこで止めるか、ですか。

中野　終わりはないので、どこで止めるか。

高山　描き過ぎちゃうってことですね。

中野　酔ってくるんです。ずっと描いていると。「あ!」が薄まっていく。ずれていく。我に酔っていく。

高山　入り込み過ぎちゃう?

中野　気持ちよくなっていくんです、そこの世界へ行っている気になるんですよね。描いているときは、そこだけは惑わされないように。

高山　そんなことまで描いているときに考えないですよね、みんな自我に酔って描いているんじゃないかな。

中野　「あ!」というのは、そのとき自分自身で感じたことのはずなのに、そのうち、はるか違うもののような気がしてくるんです。自分が言っていることなのに、何かのっぴきならないものが、「あ!」と言っている感覚がある。だから、そこに自分を入り込ませてしまうと、何か汚れていく気がするんです。いや、汚れてもそれはそれでいいんですけどね。

高山　それは絵じゃないんですね、中野さんにとって。汚れていくのは。

中野　絵ってやっぱり、すごく曖昧で、あやふやなところで描いているんですよね。自分でもないし、よそさんのものでもない、ちょうどその「あわい」のところぎりぎりで綱渡りして描いている感じで。それができない状態では、やっぱり描けないし。

高山　最初に描きはじめたときもそれでした？　「あ！」っていう感じ。

中野　いや、体で描こうとしていましたね。自分をたたき出す感じ。もうね、出てくるんです、いろいろ。ぱっと開いて、出てくる感じ。だから油絵がいちばん合っているんです、皮膚に近い感じで。分厚い感じ。油絵は引き算でなくて足し算です。そうやって描いていたころからはだいぶ変わりました。今はもう、引いている感じですね。引いて、引いて。

高山　『たべたあい』を描いていたころはどうでした？　私が中野さんとはじめて出会ったころ。

中野　そう、あのころは、描けなくなっていた時期と重なっています。描けなくて、個展ではそれまでの絵を展示していました。

A　描けなかったのは、「あ！」が来なかったからですか。

中野　なんなんでしょうね、ときどきやっぱり、まったく描けなくなる。なおみさんに会うまでは、この先ずっと描かなくなるかもくらいまでいっていました。

高山　東京・西荻窪「ウレシカ」の『かかしのしきしゃ』原画展は？

中野　2階に原画を展示して、1階は以前のものを足しながら、新たに描いたものもありましたね。無理から描いた記憶があります。

A　ここで高山さんとはじめて出会うわけですね。

中野　そう、「ウレシカ」の階段を上がってきたんですよ、はあはあ、言って（一同・笑）。僕の記憶違いでなければ、大きな黒いバッグ抱えて。「中野さんですか？」って。なおみさん、あのとき、あまり絵を見てなかったでしょ。

高山　一枚しか見ていませんでした。

中野　2階に展示した原画なんか、反対からぐわーっと見て、すぐこっちに来た。

高山　私は下の階で、満月の女の子の絵を見て、もう、この子だって思っているから。それで階段を駆け上がったんだと思います。

中野　いきなり。「絵本の絵を描いてくれませんか」って。

高山　その場でね。

中野　僕は、「描きます」って言ったんです。

高山　「僕にしか描けません」って言いましたよ。

中野　自分に課していたんだと思うんです。描けないときに、描いたらどうなるかなと思ったのもあるし。課した部分はありましたね。

高山　わざと言ったんですかね。見栄を切るみたいに。

中野　来るものを、僕は受け取るんです。いいものにしろ、悪いものにしろ、全部食べたいんです、一回。口に入れて出したいんです。いいもの、悪いものは関係ないんです。

A　食べて確認したい。

中野　なおみさんがぱーって来られたので。僕は、やるしかないんです。

A　てっきり中野さんが、自分で選んでいるのかと思っていました。

中野　いや、自分で選べるものってたいがいないと思うんです。

高山　最初に判断しないんですね、いいとか、悪いとか。

中野　自分で判断できない状況の方が、大事なんだろうなって思うんです。自分で判断できる状況なら、したらいいけど、自分でそうできない状況だったんですよね、その瞬間。そのときそのときがいちばん大事。今も今しかないし。

H　高山さんが中野さんの絵をはじめて見たときはどんなふうに感じましたか？

高山　『おもいで』という絵本をみつけたのが、最初。こんなの描く人っているんだって思って。たまたま一週間後に大阪の「空色画房」で個展があると分かって、木皿泉さんのサイン会の続きで、はじめて見に行きました。この人の絵の感じ、好きだなとは思ったけど、まだ分からない状態だったんです。だけど、帰りの新幹線でメモ帳に「みつけた」って走り書きしているから、そう思ったんでしょうね。店番をしていた藤田さんという方が、私がじーっと見ているから説明してくれたんです。どこに飾ってあったかも覚えているけど、猫の絵。

中野さんの飼っていた猫、ミツの絵でした。「息を引き取るときに、ずっと抱っこしていたそうです。猫は死ぬ瞬間、笑っていたそうです」って。藤田さんに、そう聞いて。それでもう私は、この人かもって思ったんでしょうね。それはまさしく、私が幼いころ……『どもるどだっく』のなみちゃんの世界なんです。猫を猫と思っていないっていうか。ペットじゃない。猫はもう、自分と境がないくらいの存在で、死ぬところを抱っこしていた画家がいる。みつかった、こんなに早くみつかっていいのかなって、そんな気持ちで走り書きしていました。その後、「ウレシカ」で展覧会があって。そこではじめて、中野さんとお会いしました。『どもるどだっく』のなみちゃんを誰が描いてくれるんだろうって、ピンポイントで探していたから、『かかしのしきしゃ』の原画にも、会場にあった絵本にも、全然引き込まれなかったんだけど。満月の女の子の絵を見たら、「わ、ここにいた、なみちゃんをみつけた」って。その絵の中にはっきりとあったから。満月の女の子の絵のことを中野さんに聞いたらね、「僕が保育士だったとき、音羽《おとは》ちゃんという女の子がいて、その子に『大きくなったら何になりたい？』って聞いたら、『鹿になりたい』って言っていたんです」って。それで、女の子は四つん這いなの。その話で、私はまた確実な感じがして。「将来、鹿になりたい」っていう、それはキーワード。「猫が死ぬ瞬間、笑っていたそうです」っていう、そのことと。鹿になりたい女の子を描いているっていうこと。もうそれで、決まりですよね。

A　確かにそうですね。

高山　これが大事なんだっていうものが、小さいころから私にもあるんですよ。音羽ちゃんの、「鹿になりたい」っていうことが、私にはとても大事なんです。美容師さんになりたいとか、先生になりたいとか、そういうんじゃなく、「鹿になりたい！」ですよ。その絵が何枚も描かれて形になっている。人形みたいなのもありました。『おもいで』もそうだけど、目に見えないもの、言葉じゃないものが表れている、表すことができる人がいるんだって。もう、この人しかいないです。『どもるどだっく』は、みつけられなかったら、自分で描こうかと思っていたくらいでした。スケッチブックを持って行っていたので、出てきた言葉の走り書きみたいなのを、中野さんに見せたんです。そしたら、「ここにすべてありますね」って。すでに、ここにある。それももう、ピンポイントなの。絵もそうだけど、中野さんの口から出てくる言葉にも、私は引っ張られていますね。本当なんだな。本当のことを言う人なんだなって。言葉もいいんです、中野さん。

中野　本人は、表そうとは思っていないんですけどね。

高山　そうでしょうね、だからいいんでしょうね。音羽ちゃんの絵にしろ。

中野　そうですね。意識して表そうと思って出るものじゃないんです、ほっといても出てきちゃうものが、見えたんだと思うんです。それは、僕の意志ではないんです。僕の意志で描いているわけではなくて。そういうものになおみさんは惹かれた。

高山　そうですね、反応したんですね。

中野　僕自身の絵というよりは、そこにまとわりついている何かに。

高山　うーん。絵そのものに表れているんです、タッチとか、色とか。なんでこんなちょうどいいところに赤がきているの？　とか、途中でやめているところとか、かすれとか。それが見えたんだと思う。だけど、『かかしのしきしゃ』の原画にはそれは感じなかったの。ずいぶんあとになってから、いい絵本だなって気づくんですけど。自分の探しているものがあるから、あのときは入ってこなかったんでしょうね。『かかしのしきしゃ』で一枚だけ、お話の最後の方に、「どっくん。」っていうのがあるでしょう、その一枚の絵だけ好きでした。だから反対から展示を見たんだと思う。

中野　絵本はそれこそ、「絵と言葉」ですよね。言葉のない絵本もありますけど。

H　中野さんが、絵から絵本に移るのはどういうところからだったんですか。

中野　はじめて東京で展示したのが「ポレポレ坐」で、なぜか絵本の編集者がたくさん来たんです。真っ先に声をかけてくれたのが、筒井大介さん。

高山　筒井くん、中野さんと会えるまで毎日来ていたみたいね。

中野　そう、きさらから、「毎日来ているよ」って連絡があって。

高山　それでできたのが、内田麟太郎さんとの絵本『おもいで』。

中野　僕はほら、来るものは拒まずだから、「いいですよ」って言って。筒井さんの案内で、内田さんが実際に見に来てくれたんです。そしたら、そこにあった一枚の絵がどうやら内田さんが夢に見ていた風景だったみたいで。

A・H　ええ……！

中野　ずっと自分の寝床にその絵をかけていたそうです。それから一週間後くらいに、『おもいで』のテキストが届きました。早かったですね。

高山　モノクロの絵ではじまるんですけど、それも中野さんが考えたんでしょう？

中野　内田さんからは何も。ひとつだけ言われたのは、社宅のところ。最初は団地を描いていたんですけど、僕が見ていたのは団地じゃなくて、平屋みたいな長屋だったたって。当時の写真集をわざわざ送ってくださった。

高山　そうか、それだけですか。

（わりと長い沈黙）

中野　やっぱり絵本は、僕は苦手ですね。

A　どうしてですか。

中野　苦手って言えるところまでいってないかもしれないけど、なにやらさっぱり、ちんぷんかんぷんですね。

高山　「絵本は何を描いていいか分からない。絵を描くことを疑っている」って、小野さんとの対談で言っていましたね。「分かりやすくしたくない」って。

中野　何かの枠にはめてしまうのが、嫌なのかもしれない。もっと名前のないものをやりたい。絵本とかじゃない。

高山　会ったばかりのころにも、言っていましたね、絵本の絵は分からないって。今は描かないようにしているっていう、ここ最近の話に戻りますけど。今は描けないというより、描かない。

中野　描こうと思ったら描けると思いますけど。もうそういうことしなくていいかなって思いますね。もうそんなに時間はないと思います。「描けないけど描く」とか、そんなことやっている、時間はないと思っているので。

高山　なんの時間ですか、人生の時間？

中野　自分に与えられた時間。人生の時間なんて分からないんですけどなんとなく、直感としてね。そんなにいっぱいあるものではないなと思うんですよね。あんまり「無駄」っていう言い方は使いたくないですけど……もう、そこは違うだろうと思うんです、描けないのに描くっていうのは。今はもう描いていないです、だから。

H　中野さん、高山さんを呑み込んでみて、どうでしたか？　描けなくなっていたときに絵本の絵を描いてくださいって言われて、呑み込んで、受け入れてみて。それでどうなったか。

中野　僕はやっぱり変な絵を送ったりするんですよ、なおみさんに。気の抜けたというか、無理やりに絵本っぽく描いた絵とか描いて、送っていた。最初はなおみさん、「いい、いい」って言ってくれていたんだけど。途中からちゃんと言うようになってきて。僕はなんとなくそれを自覚してやっていたんだけど、なおみさんが止めてくれました。

H　高山さんは、なんて言うんですか、そういうとき。

高山　違いますって、言う。自分の世界じゃありませんって。『どもるどだっく』の世界じゃありませんって。説明的な絵が届いたことがあって、それがいかにも絵本っていう感じだったんですよ。私はそういう絵本をたくさん見てきて、絵本ってつまならいなって思っていた時期があったんです。絵も言葉も両方が言っちゃうと、饒舌過ぎて、説明的で、余地がないなっていうふうに、見ていたときがあったんです。そうじゃない絵本もあったんでしょうけど、思い込んでいた。絵本の表現というものを、あきらめていた。中野さんが送ってきた何枚かの絵はそういう絵だったんですね。家族でごはん食べている場面、ほっぺたをふくらましている女の子の絵とか、ありましたよね、そういうの。二作目の『たべたあい』のときは……。

中野　『たべたあい』のときはそうでもなかったですね。

高山　そっか。

中野　迷っちゃったくらいでしたね、選ぶのに。それで、なおみさんがいいと言う絵は、だいたい編集者に却下されるっていう展開。

高山　そうでしたね。

中野　僕は『どもるどだっく』の中に、いろんなものを見ていた気がします。高山なおみっていう人が、「なんで今ここにいるのかな」っていう。それは、有名無名関係なく、誰でもそうなんですけど。なんでこの人が今、僕の前にいるのかということを感じながらやっていました。

高山　へえ、そうなんだ。どうしてなのかっていう、答えありました？

中野　いや、答えはないです。とにかくやっていくしかない、目の前にあることを。

高山　戸惑いました？

中野　戸惑いはないです。『日々ごはん』の中にもありましたけど、なおみさんの中では、いろいろあった時期じゃないですか？

H　高山さん、すごくのめり込んでいましたよね。

高山　うん、そうだね。でも、いつでもいろんなことがあるし、その時期だけ特別なことがあったとは思っていないです。中野さんが河原で女の子に声をかけられたような感じ。当然のような気がしませんでした？　不思議じゃなかったでしょう。

中野 不思議ではないですね。

高山 『どもるどだっく』という宿題も、木皿泉さんのドラマで料理を作るという宿題も、自分にとっては同じ感じ。だけど、中野さんという人に会ってしまったんですよね。中野さんがいた。認識してしまった、というところはあったと思います。あの、満月の女の子の絵をみつけてしまったら、もうその世界を描いてもらうしかないだろう。「この人とやるしかない」という感じでした。

A 満月の女の子はだいぶん前に描いた作品だったんですか。

中野 僕は同じようなモチーフの絵を何回も、何回も、何十回も描くんです。昔の絵を探していると、そういうのがいっぱい出てくる。形は変わっていっているんでしょうけど。

A 倉庫で今、そういうのを見返しているんですね。

高山 満月の女の子も、いました?

中野 いましたね、何人か。全然違うけど。ごっそり違う。

高山 そのうちの一枚を見たんだ、私はたまたま。

中野 でも、偶然ほど確かなものはない。

高山 よくね、中野さんの絵が変わった、それは高山さんのせいじゃないかって、いい意味でおっしゃる方がいるんだけど。私には、とてもそうは思えない。中野さんは変わらないんですよ。呑み込んでその人になって、憑依《ひょうい》するようなことはあると思うけど、そこにのめり込んでいくとか、そういうことじゃない。感情があるじゃないですか、のめり込むには、気持ちというか。どうしてもそうしたい、みたいな。中野さんは感情がないというと、変な言い方ですけど、ないような気がするんです。感情って言えないもの、きっと、中野さんなりの何かがあるとは思うんです。それが分からないことがおもしろいんですけど。

中野 影響は受けるんですよ、もちろんね。受けるべきだと思うし、どんどん受けるべきだと思う、でもどっちにしてもその人にはなれないわけだし。この人になろうとしてもなれない。でもなろうとしてもいいわけじゃないですか。身体ごとなっちゃって。でもなれないですよ、やっぱり。影響は受けていいと思います。受けるべき。

高山 受けるべきですか。

中野 僕、いっぱい受けています。僕、モノマネが得意なんですよ。HさんとAさんになりきることはできます。

高山 よく、Aさんの真似して見せてくれましたよね。

A え、本当ですか!

高山 こんなんして(背中を丸める)、中華屋さんのモノマネしながら、炒飯を作ったりとかね。

中野 なにものかになるっておもしろくないですか？　何かになる。なっていく。なりきる。

高山 私はモノマネが苦手。見るのは好きよ。

A でも、人ってそういうところありますよね。気になるものを真似るって。子どもも好きですよね。人ってそういうものなのでしょうか。

中野 たぶん自分以外の存在が気になるんだと思います。ウルトラマンとか、仮面ライダーになりきる。あれは自分以外の存在がとても気になるんだと思います。感じようとしているんだと思います。自分の中に眠っている、もうひとつの何か。それにちょっと似ています。ふざけていないですよ、本気でやります。でも、どのみちその人にはなれない。なるつもりもないですけどね。

高山 描かないっていう話を、もっと聞いていいですか。描けないんじゃなくて、今は描かない。時間がないというのは、世の中にある、時間のことですか？

中野 もちろんもちろん。

高山 それはずっと前から感じていましたか？　子どものころからとか。

中野 そんなことはないですね。絵を描いていて、ある時期から、同じところで悩むんです。止まるところが同じなんです。描けない、描く。描けない、描く……。同じことをしているんです。同じではないかもしれないですけど。これをくり返していたら死ぬまで同じことをしてしまう可能性がある。

高山　どこかでストップかけないと。

中野　うん。

Ａ　そのストップが今、描かないということ？

中野　平たく言うと、そうですね。

高山　そのくり返しは辛いですか？

中野　きついときはあります。辛いとは思わないけど、きつい。そんなのどうだっていいってなればいちばんいいと思うんです。描くとか描かないとか。

高山　そこじゃないってなればね。なんで絵なんて描くんでしょうって、中野さん、言っていましたね。描かなくてもいいのにって。そうそう。私、今、母が脳出血で、言葉が全部なくなって、それから昏睡状態になって。その後、目覚めたら、また言葉が出てきたんです。それで、わっ、よみがえったと思ったんですけど。診断書には失語症って書いてあって、言葉はしゃべれない。もう言葉がない。みんな、そう思っていたんです。もう、言葉みたいな、この世の約束事から離れているように見えていたしね。だけど、ある日、母がしゃべって、「言葉ってこういうものなんだ！」って感じたんです、ありがたいっていうか。ありがたいとしか言いようがない。声とか、いや、声じゃない、声はしゃべれなくても出てたから。「私のこと分かる？」って聞いたら、「な・お・み」って言った、その言葉とか。「と・け・い」って言った、その言葉とか。賜物《たまもの》だなって。ほんとはそういうものなんだなっていう感じがしました。言葉ってそうなんだって、小さいころには、思っていた気がする。上手にしゃべれなかったころの、言葉に対する感じとか、そのころに読んでいた絵本の言葉とか。本物っていう気がしてた。言葉っていいものだなって思いましたね。なんてありがたいものだろうって。

A　すごく、伝わります。

高山　日記（『日々ごはん』）にも書いたけど、母のことを病室でずっとメモしていて。メモのような走り書き。それはそのときの気持ちのままで、文章にはなっていないからいいんです。でも、ある夜、母が寝ているそばで、パソコンでメモを日記に書き起こそうとしたことがあったんです。夢中になって書いていて、愕然としました。すごく残酷なことをしているなって。そのときまるで、母が死んだことになっているみたいに、そこから過去を思い起こしながら書いていたんです。死んではないんですけど、過去のことを思い出して書いているっていうのは、死んでいるんです。隣で、息も絶え絶えの母が寝ているのに、そのとき私は病室にはいなかった。過去にいるから。生きている母のそばに、私はいないんです。ものを書いて表現するというのは、そういうこと。そのようにしか、書くことができない。書くっていうことはそういうことなんだと、そう気がついた夜でした。その何日かあと、母は言葉が戻ってきたんですけど。言葉の両極を見たような感じがした。中野さんの、「絵が描けない／描かない」ということに、それはとても近い感じがするんです。私もそのあと、書かないことにしたんです。なんで書こうとしているんだろう、なんで書かなきゃいけないんだろう、なんでこんなことを記録しているんだろうって。そういうところに立たされた気がする。たぶん中野さんは、日常的にそのくり返しをされているのかなって。そんなふうに、今話していて思ったんですけど。

中野 今、目の前にあるものがいちばん確かなんですよね。自分の身内だったり、目の前にいる甥っ子だったり。それ以外にないんですよね。そこで絵を描くことなんて、僕は考えないです。その甥っ子のことを絵にしたいと思わないし、絵本にしませんかとたまに言われるけど、僕にはできません。

高山 私はね、そう思っても書くんですよ。書かなかったのは一日しかなくて、書かずにいられないんです、母のことを見ていたら。それはなんなんだろうって。これからもずっと考えていくと思うけど、書かずにいられない。寝ながらでも文章を組み立てていたりするんですよね。書きたいっていうのは一体なんなんだろうって思います。書かなくていいってなったら、書かなくなるのかな。紙と鉛筆を奪われたら。……でもわかんないな。その場にいて、ただ感じているだけっていうのはいいですね。

（H、お茶を淹れに立つ）

高山　そろそろ対談、終わってもいいんですよ。

中野　え、いやいや。終わってないですよね、まだなんにもはじまってないですもんね。だって今、Hさんがお茶淹れてくれて、これからはじまるんじゃないですか。

高山　中野さん、ほんとおかしいですね。

中野　いや、対談（相手）に僕なんて、しょうむないと思います。

A・H　おもしろいですよ。

高山　私ひとりで中野さんの話を聞いているなんて、申しわけないもの。

（六甲で買ったサクランボと、中野さんからのメロン、お茶で少し休憩）

高山　人を好きになると、自分を差し出すじゃないですか。私だけ？　人を好きになるとその人のことをすごく知りたくなるでしょう。「子どものころ、どうでした？」とか、聞きたいんだけど、同時に自分も出したい。自分の感情をさらけ出したい。中野さんは、そういうのがない気がする。もしそれが、人を好きになるということなら、中野さんはちょっと違うのかなって。

H　知ってほしいってことですよね。会話って、「自分は違う。そうじゃなくて、こうなんだ」って伝えたいから、言葉を出すんじゃないかなって思います。

中野　そうそう、ずっと考えているんですけど、それを、うまく言葉にできないから。

まわりはそのまましゃべり続ける。僕はずっとひとりでそれを内省しているんです、その一点だけ。

高山　まわりではその間に話が進んでいくんですね。今も、そう。

中野　僕はたぶんそのひとつだけでよくて、そこにずっといるんですけど。とにかく速いんですね、言葉って。どんどんどんどこいってしまうので追いつかないっていうのがあります。僕はひとつでいい。内省して考え続けるので、ひとつで十分なんです。まわりが速過ぎる。それが、悪いわけじゃないんです。速くなったり、遅くなったりすることは。ただ僕はずっととどまっているんです、ひとつの部分に。だから他の話になってもそこをずっと思っているから、ずれるんです。今話題になっていることに気が向いていかないっていうか、半分飛んじゃっている。

高山　聞いていないんですか。

中野　そう、聞いていない。僕よく「聞いていない」って人に言われるんです。聞いていないし、見てない。ほんと、そうなんです。

高山　ふふふ、そうなんだ。

中野　小学校のとき、「中野くんを見てみなさい」、「中野くんみたいにちゃんと聞きなさい」って、よくお手本にされたけど、僕は聞いているふりして、あらぬことを考えているんです。

高山　上手なのね、聞いているようにするのが。

中野　上手なんです、聞く真似モノマネ。勉強するモノマネみたいな。ツバメが飛びながら寝ているような感じ。それくらいにしていた方がいろんなものが入ってくる。いい加減にしているくらいの方が入ってきます。子どものころは、みんなが遊んでいるのを見るのが好きで。水浴びしているのを見ていました。仲間入りすると、それはそれで楽しいけど、自分が消えてしまうんです。遊んでいて楽しさは分かるんだけど、そうすると限界も分かっちゃうんですよね。中に入ればそれはそれで楽しいけど、あ、このくらいだって分かっちゃうじゃないですか、遊びの限界みたいなところ。

ＨＡ　遊びの限界……。

ＨＡ　これ以上、もう楽しくならないとか。

中野　一緒くたになると、目で記せない。記録できない。だから引いて見るのが好きなんです。わあ、楽しそうだなって。入れないんじゃなくて、見ている方が楽しかったですよね。姉の誕生日パーティーでも完全に中に入っちゃうんじゃなくて、ちょっと引いて。おいでおいでって言われてもちょっとすまして遠くから見ている。それが、楽しい。

ＨＡ　そうしてはるのが目に浮かびますね。

ＨＡ　浮かぶ、浮かぶ。

中野　そのうち、ぽわーんとなってくるんです。僕の記憶の中では、ずっと見ているとその光景がまやかしみたいに、ぽわーんって。ちょっと変な音が聞こえてきて、一瞬、止まったような気がするんです。

高山　はい。ね、おもしろいでしょ？（一同・笑）

中野　それで急に、まわりが早回しになるんです。今でもたまーに。ほとんどなくなったんですけど、こうやっているときにすごく早送りになるんですよ。たとえば、Aさんがノートを書いているのが速くなる。

H　止まっていた分、速くなるということじゃなくて？

A　なんだろうー。

H　高山さんは書けなくなることはあるんですか？

高山　考えたことないかもしれない。さっき話した母のことが、はじめてくらい。吐きそうなほどの嫌悪感で、もうやめようって思ったのはそのときだけ、生まれてからはじめて。忘れちゃっているかもしれないけど。私は文を書く人っていう意識が今あるから、それが自分の仕事だって思っているからかもしれないけど。

中野　僕の好きな田中泯さんは、「僕は踊りそのものです」と言いたいって。

高山　わあ。

中野　そうやって言えるようになれたらいいなって思うんですけど。

高山　ほんとね。絵そのものですか。

中野　そう。画家ではなくて、絵描きではなくて、「僕は絵です」っていう。

高山　いいですね、それ。

中野　肩書きがない。中野真典でもない。絵を見る人は名前で見ないですし。どういう見方をされてもかまわない、人それぞれ。ただ「絵そのもの」ですって。もしくは、名付けようのないものになりたいです。

高山　なっていますけどね、絵そのものになっているって思いますけどね、中野さんという人は。

中野　呼ばれ方はなんだっていいんですけど、画家でも、絵本作家でも。やっぱり自分の中では何かあるんだろうな、ひっかかるところというか。何ものでもありたくないっていうところが、僕の中にある。それが描かないということに大きく影響している。

高山　そうか。そのものっていうの、分かりますね。描くそのもの。

（高山さん、窓を開ける）

中野　時間って長いですね、4時か。

高山　あ、なんか鳴いている。蝉。

中野　蝉の穴いっぱいありましたよ。あ、このへんは知らないですけど、僕の地元では。

高山　お腹空いてきていませんか。いま、いい話？　あれはどうでしたっけ、「とてちとてん」じゃなくて、「とんからりん」じゃなくて。中野さんが子どものころ、おもしろさの限界が分かってしまってっていう話のときに聞いたんだと思うけど。とんちんしゃん？　誰かの詩だったのかな。ちゃかちん、ちゃんちゃかちん？　みたいな音が聞こえるっていう。

中野　なんかね、ある人が小さいとき、身内が亡くなって。みんなが悲しんでいるときに自分の頭の中だけ、お囃子みたいな楽しい音が聞こえていたっていう。こんなときにも楽しい音が聞こえるっていう人がいたっていう話。

高山　そっか、それか。中野さんが子どものときに、楽しさの限界が分かるときにそれが鳴るんじゃなかったでしたっけ？

中野　なおみさんはいろいろ、ごっちゃにする。

高山　そっか、思い込み。

中野　でもそういうものです。

A　それでいいんです。

高山　いいんですか、それで。そこらへんの話が好きなんです。限界が分かる子ども。そういう子がひとりぽつんと離れたところにいたら、その子が気になります。ひとりになりたいのか、中に入れないのか。単純なひと言では言えないと思うけど。

中野　わーって遊んでいると子どもたちって、だんごになるじゃないですか。そういうのが苦手なんです。

高山　きゃーって言って、触られたり、もみくちゃになったりするのがいやなんですね。なんでだろうね。

中野　うーん……隙間がほしいんですよね、やっぱり。人って、触っているから本当に触っているかといったらそうじゃない。見た目は触っているけど、本当には触ってない。離れているからその人のことを触っていないかというと、そうじゃない。見えているものって意外と正確じゃない。曖昧になるのが気持ち悪かったのかも。僕は、保育士だったので、子どもを抱えて、こちょこちょ、ぶるんぶるんって、よくやっていたんですけどね。

高山　楽しいね。

中野　知らない間に、僕の前に並んでいるんですよ、やってほしくて。でも、同じようにしていても、触れている感触の子と、触れさせてくれてないなっていう子がいるんですよ。手を外そうとしても、外れない子もいるし。そういう見た目でなかなか感じとれない部分が、なんか好きなんですよね。相手と一定の距離がないと、そういうことを感じとれない気がするんです。自分自身との距離もとらないといけない。そのへんも僕は意識していると思います。人との距離とか、間とか。礼儀としてというか。

高山　生きもの同士の礼儀として。そっか。ただ触っていても、本当に触っていない感じのときってありますね。心が麻痺している。

H　高山さんもいろんな方とサイン会で握手すると、いろんな手の人がいるって。

高山　あれはおもしろいものですね、握手って。思ってもないような感触が、ありますね。私、自分からしちゃうんです。したそうだなと思って。なんかおもしろいんですよね、ほんとに。それでちょっとわかるような気がするときがある。ここ（手の平）に全神経を集中させてるのかな。汗ばんでいる人とか。けっこう、言葉にならない言葉を感じて、あ、この人、ほんとなんだって。

中野　僕は、びっくりしたいです。あんまり最近、驚いたりしないんですけど。ありますか、Hさん。

H　ドキドキ？　ありますよ。原稿を読んだときとか、「あー！」って。「書けましたね！」っていうようなとき。本を読んでいて、作者と同じことを思っていたんだと気づいたときとか。

中野　僕は、ないなって思って。

H　自分の絵が「描けた！」というときは、嬉しくないんですか。

中野　ないんです、あんまり。描いたあと、自分の絵を見ることまずないので。今はじめて、ようやくくり返し見るようになって。

A　振り返らない。

中野　うん、もう描いたら終わりです。

高山　嬉しいって思ったことも、一回もないですか？

中野　それを思ったら、もう描いてないです。

高山　中野さんは、ずっと思わないのかもね。

中野　分からないですけどね。ただこう、どういうことでそう思っているか分からないですよね。Hさんが思うのとまた違うかもしれないし。

H　絵を終わりにするときは、「描けた！」って思って終わりにするんじゃないかなって思ったんですけど。そういうわけではない。

中野　止めるだけですね。切る。「やーめた」って感じです。「できた」っていうんじゃなくて。描いていくじゃないですか、描いているときは手が先に動いていく。脳みそをほぼ使っていないと思います。そうして離れていたものがだんだん戻ってくる、そのとき意識がはっきりするんです。それでようやくなんとなくやってきたものを見る、そこで我に返ってやめる。意識がちゃんと戻っているので、それ以上描けないというのもあるけど。いやもちろん、意識が戻った時点で、もう少し赤を入れたいなとか思うこともあるんです。だけどそれはもう常識的なところで考えている。「絵を描く」っていうところに意識がいっている。仕上げにかかっているんですよね。それはもう絵描きじゃないんですよね。デザインしようとしているんです。

H　作為的になっている。

中野　そうですね、作為的というか、「自分を描く」っていうことになっている。勝手に出てくるものじゃなく、意志というか、自我が出てくる。

高山　自我かあ。

中野　そのままぶわーっといっちゃって、ぐちゃぐちゃになることもありますよ。それはそれで、後悔はしないですけどね。

高山　『たべたあい』のときのこと思い出します。パソコンに、すごいいろいろ送られてきた日があって、一日の間に。中野さんはその日、何枚も描いているんです。どんどん絵が生まれてくる。日記にも書いたけど、野生のカモシカの出産を見守っているみたいだった。『たべたあい』のときの絵、おっかしかったの。いろんなのがあって、「へえ！　こうかあ」、みたいなの。ひどいの、なんか。超えちゃっているの、範疇《はんちゅう》を。ひどいっていうの、変ですね。笑っちゃう。「うわー、何を考えているんだろう！」みたいな。超えているんです、どんどんどんどん。私の考えているお話を超えていっちゃっているんです。そうすると、もっともっとってなる。猫を食べている顔とか、おかしい。でもほんとに、心はあんな感じ。可愛くてたまんない感じ。食べるってああいうことなんです。鼻の穴を開いて。全身で食べたい。

（しばしの沈黙）

中野　あんまり僕は「いい絵が描けたな」って絵は描きたくないかもしれない。そこじゃないかなとは思っているので。またむずかしくなってきちゃうけど、それは「誰のための絵だ？」っていうことになる。

高山　じゃあ、どこに行こうとしているの？　自分で「いい絵が描けた！」っていう絵が描きたくないとするなら。

中野　描きたくないというか、僕は、そこは思っていない。ゼロです。

高山　じゃあ、思っているところはどこですかね。

中野　分からないからたぶん描いているんだと思う。

高山　そこが言葉にならないんですね。

中野　ならないですね。……まだみつかってない、みつからないかもしれない。そこは分からない。ただ自分で問うていくことは大事だと思いますね。あやふやにしないでどういうことなのか、自分自身に問うていくしかない。

高山　なんで描けないんだろうとか、描くんだろうとか。なんで描いているんだろうとか思うのは、そっちの方が本当の感じがする。いろんなことを突き詰めていて。

中野　結局、じゃあ「絵ってなんですか」ってことになるけど。絵は、食べることもできないし、なんの役にも立たないものですからね。

高山　でも、母は見ていましたけどね、死ぬ少し前まで、飾ってある絵をじーっと見ていたりする。言葉じゃもうないんです。私は病室に絵があるっていいなあと思いました。見るんじゃないかな、絵って。食べるのと同じくらい。同じくらいかどうかなんて比べられないけど。空気が変わりますよ、絵って。

A　高山さんのお住まいにもあちこちに絵がありますね。絵が日常の中にある。

高山　はい。六甲が台風で大荒れになって、雨と風がものすごくて、何か飛んできたらガラスが割れるんじゃないかとか、山崩れがあるかもしれないとか、命の危険を感じていたとき、私、ここ（階段）に隠れて絵本を読んでいました。壁でさえぎられているので。何かの危機のときに、絵、いいですよ。そういうときは食べたくないんですよ。あ、おにぎりとかは食べるけど（一同・笑）。大いなるものへの畏怖に近いところにあるものっていうか。絵本や絵は、けっこうな力があると思う。

中野　一概に絵っていうのは豊かになるとか、簡単に言いたくない。僕は生活の中に必要ないものだと、まだ思っています。だから絵に対して不信を抱いています。なくても生きていける。食べものは食べないと生きていけない。

高山　そういうふうに疑っていきたいんですね。

中野　あまのじゃくなので、僕は。簡単に絵は豊かだって言ってはいけない気がします。絵本はいいものだって。いいものかどうかってまだ分からないわけじゃないですか。

高山 私はそういうふうには言ってないですからね、いいものっていうふうには。いいものっていうときの、「いい」が違うかも。いい、悪いの、いいじゃなくて、賜物みたいなのに近い。この世にあってよかったなっていうような。音楽もそうだけど。すごいと思うけど、何かと比べて豊かとか、そういうふうに思ったことはないかも。そういうふうには、私も言いたくない。絵本は子どもを育てるとか、読み聞かせをしたらいいとか、そういうふうには結びつけたくはない。そういう価値のつけ方じゃない。それだったら景色でも十分で、木を見ているだけでもいいんだけど、人が描いているものは、やっぱり予想外。人が生み出したものって、すごいと思う。

A 中野さんは、どうして保育士になったんですか？

中野 学生時代、障がい児の学童保育の指導員をやっていたんです。

A 絵を教えていたのではなくて？

中野 絵ではないです。養護学校、現在の特別支援ですね、放課後の面倒を見る。無認可だったんですけど、大学2年生からアルバイトしていました。

H 平田さんと飲んでいる時期ですね。

中野 そうです、そうです。

A　そこで働きたくて、ですか？

中野　これも理由という理由はなくて、大学のアルバイト掲示板で、たまたま気になって。子どもと遊んでくれる人っていう募集で、芸大に貼ってあるってことはよっぽどおもしろいところかなって。なんとなく行ってみたんです。富田林《とんだばやし》の山の中なんですけど、ボロボロのプレハブの中で子どもたちが遊んでいるんです。自閉症の子が半分くらい、あとはダウン症の子、アンジェルマン症候群っていうちょっと重度の重複障害の子がいて。おもしろかったです、愉快な仲間たち。夏休みは朝から晩までみるんですよ。自閉症の重い子がいて、順番か何かが狂っていたんでしょうね。窓ガラスをだんだんやっていて、バリーンって割れて。手首を切ったことがあって、数センチずれていたら危なかった。一命を取り留めましたが、そんな肝を冷やす出来事もありました。結局、そこで卒記憶では学童の車に乗せて、僕が彼の手首を押さえて病院に行きました。業するまでアルバイトして。大学卒業しても就職するつもりはなく、活動もしなかったので、学童の先生が「どこも就職しないならうちで働いてくれませんか」って。無認可だから正規で雇えないし、アルバイトでよかったらって。僕も離れるのが淋しかったので、やりますって。

高山　そっか、そっか。

中野　そこで2、3年勤めて。その後、飽きちゃったんですね、もういいかなって、いろんなバイトして。

高山　シベリア鉄道に乗るんですよね。

中野　そう、その資金集めもあったんです。なんとなくチェコに行きたいというのがあったので。25、26歳のときでした。旅の前日、お金を30万円下ろして、友だちを送って帰ってきたら、お金がなくなっていて。パスポートは幸い残っていたし、チケットもあったので行くしかない。送っていった友だちに話したら、「貯金を貸してあげる」って言ってくれて、20万円くらいかな、それでなんとか行きました。だから、なんか人間不信に陥っちゃって、あんまり楽しくなかった（笑）。ずっと石畳ばっかり見てた。描くかなと思ってスケッチブックを持って行っていたのに、宿でも描かず、外でも描かず。あるとき、ふと帰ろうと。帰って真面目に就職したいと思ったんです。

高山　空港の外の広場で、寝ていたんでしたっけ。

中野　あ、そうですね、一日寝ていました。そのとき、なんとなく子どもの顔が浮かんで。なんとなくそのことを思いながら帰ってきた。

高山　旅の間に、いろんなことをあきらめて、どこにも行くところがなくなって。そんなときに子どもの顔が浮かんで、「子どもたちはいつも、僕のそばにいれくれたたな」って思い出したって。以前、旅の話を聞いたとき、おっしゃっていた気がする。

中野　それで保育士の資格を取ろうと思って、専門学校に行きました。今はもうないですが、神戸市立森林植物園の近くで、下駄箱にリスがいるような学校だった。その後、大阪の保育園に就職して。そこで、「おっぴー」こと、音羽ちゃんと出会うわけです。3歳でしたね。でね、すごいんです、全然昼寝をしない。「ひひーん、ひひーん」って言って、ずっと畳の部屋を走っている。「おっぴー、何になりたいの?」って聞いたら、「鹿になりたい」って。鹿やったら「ひひーん」ちゃうけどねえ(一同・笑)。お誕生日会で「大人になったら何になりたい?」と聞いても、「鹿」って。いつもそうでした。

高山　音羽ちゃんは、自分が絵になっているって知らないでしょうね。

HA　ほんと、まさかその絵から運命が動いているとは。

絵を描くときと違って、絵本は文章、編集、いろんな人が関わっていますが、中野さんにとって、それはどんな感じですか?

中野　僕は好きです。編集の人がいて、言葉を書く人がいて、絵を描く人がいて。いろいろ言ってもらえるのもすごく好きです。「ここをこうしたらどうですか」とか。なおみさんは(そういうの)いやな方だと思いますけど、僕は意外と描いちゃうんです、言われた感じで。いやではなく描けるんです。やっぱり人が介入した方が、断然おもしろいと思います。

高山　一緒に絵本を作っているとき、私は楽しいです。中野さんの絵ができていくところとか、最高。『くんじくんのぞう』は、ダンボールを切ったり貼ったりして、ジオラマを作ったんですけど。この部屋でも、その場で作っていました。私はその都度、言葉を変えながら、一冊作るのがたまらなく楽しかった。

A　そんなふうに誰かと絵本を作っている最中に、びっくりすることもありますか？

中野　残念ながら今までない……。

A　びっくりするから介入が好きなのかと思ったら！

中野　いや、待ってはいるんですけど。

A　予想外の返事でした。そうなんですか。私は、びっくりいっぱいありますよ、中野さんと話していると。

高山　今日、中野さんから甥っ子のユウトクくんの話を聞いたんです。カブトムシの幼虫に穴を開けてしまって、白い汁がぴゅっと飛んで、隅っこで泣いていたって。そういうときは、びっくりではないですか。

中野　びっくりというより。痛いですね、僕は。

高山　好きだからかな。

中野　そうだと思います。うちの甥っ子が、カブトムシの幼虫を大事に育てていて。ちょっと気になって開けてみたら、繭みたいなのに覆われていて、さなぎになってないように見えたんです。それで、甥っ子が「確かめてみる」って、ちょっと力が入ったんでしょうね、触っていたら中から牛乳みたいなのがビュッて出てきて。よく見たらちゃんとさなぎになっていたんですよね。ユウトクは、それで立ち尽くしてしまって。僕がすぐに、顔をばーっと洗って、拭いて。そのとき、とても痛いことを我慢しているって、分かって。僕は平然としていたけど、ユウトクは隅の方に行って、ひとりでぽろぽろ涙流して。そのとき、痛かったです。さっきなおみさんにそのことを話したら、「彼のことが好きだったから痛かったの?」って聞かれて、「そうです」って言いました。そのときはたぶん僕は、彼に触れています。距離があったから、ちゃんと。

高山　そうですね。

中野　あれがまたきれいなんです、白い液体が飛び散った瞬間が。スローモーションでした。僕が様子を見ていたら、ユウトクが「僕がやる」って取ったんです。繊細にやっていたんですけど、爪が当たったのか、ぴしゃって。中は生々しかったから、まだ生きていたんじゃないかな。「生きとったんちゃうか」って言ったら、何も言わなかった。

高山　ユウトクくん……。そろそろ、お腹が空きませんか。

A・H　空きましたね。

高山　食べながらまたお話しても大丈夫?　そんなんしてたら、終わらないですよ。

中野　はじまりも終わりもない。

（しらすをのせた冷奴、焼きオクラ、ポルトガル風トマトのサラダ、ビール。インスタントのソース焼きそばを食べながら、高山「あとで、串カツを揚げるからね」）

高山　中野さん、すごくゆっくり歩くんです。知り合ったばかりのころ、京都の河原町で待ち合わせしたことがあるんですけど、遠くから本当にゆっくり歩いてくるの。スローモーション。

A　想像できます。

中野　確かに遅いんです。

高山　どこも見てないみたいな顔をして歩いていて。それを見たとき、この人は信じられるなって思ったんです。私が見ていることを知らないのに、そうなっていたから。ポーズかもしれないって、ちょっと疑ってたんだと思う。

中野　歩くのが遅いのは保育士やっていたからかも。子どもって絶対にまっすぐ歩かないし、一回、気になることがあったら30分でも、一時間でも平気でそこにいる。僕は一緒にとどまっていられます。最初のころ、なおみさん、めちゃくちゃ速いなと思ったんですよ。でもだいぶん遅くなりましたね。

高山　中野さんのがうつりました。水の音がするとか、最初は気づかなかったの、六甲の坂道を歩いていても。ほんとにかすかな音なの。

A　そういうことに気づく方だと思っていました。東京では違っていたんですね。

高山　違ってました。そういうのを欲していたんだと思う。感覚が戻ってきたような。神戸に来て。

中野　それでも僕はまだ、なおみさんのだいぶん後ろにいます。

A　全然つられていない。中野さんの揺るぎなさがすごい。

高山　ほんとに、ゆっくり。

中野　いやいや、なおみさんはそのまま行っちゃってもいいと思っているんですよ。迷子になってもいい。

H　走ることってないですか？

中野　あります。僕、急に走り出すときがあります。強弱が強いのかもしれないですけど。

A　どんなとき？

中野　走りたいとき。

A　へえ、おもしろいですね。

H　速そうですよね。

中野　小学生のとき、走る姿勢がきれいだからってグラウンド一周させられたんです。お手本として、みんなの前で。選抜にも選ばれて、朝練していました。毎朝5時に起きて、100mダッシュ。走って、しんどくて、もどして。テレビ番組のリレー大会に出たんですけど、走り過ぎて膝のお皿を痛めて、僕にバトンが来るまで二位だったのにビリになって、ごぼう抜きを放送されました。

A 楽しかったんですか?

中野 それはそういうものだと思って。妙に気持ちよかったですね。走って、もどして。けっこうそういうのが好きだったのかも、そうでないとしていない。

高山 六甲に引っ越したばっかりのころ、ここで飲んでいて、中野さん、急にバック転をしたんですよ。ぐるんって、逆立ちして立つ、みたいな。

中野 気持ち悪くなって、あとから吐きました。

H やりたかったんですね。

高山 あのときもすごく笑った。おかしい。

中野 あるんです、僕、ときどき。すごく楽しいとき、どこでもやっちゃいます。なにかしら体を跳ねらせる。

A 身体の人なんだ。

高山 本当におかしかった。関係なくいきなり。

H すごく楽しかったんですね。

中野 なんかおもしろいことするの、好きなんでしょうね。保育園の発表会で、子どもと『イエローサブマリン』を歌おうかって。僕が指揮者で、最後は僕がむちゃくちゃするから、みんな楽器をめちゃくちゃに鳴らして、「じゃん」ってしたら、ピタッと終わろうかって。「それいい、それいい」って言って。すごかったんです、そのときみんな、こっち見てぶわーってやって、ジャンプしてピタッて終わって、拍手したんですけど。その後の反省会で、保護者の人にそんな楽器の使い方を教えているんですかって言われて、すみませんでしたって。

A 最高ですね、楽しい。

中野 なおみさん、串揚げする気がなくなってきているでしょう。話に夢中になると、あれ作るっていう予定がしょっちゅうなくなる。

高山 しますけど。今、話がちょっとおもしろくなっているから。そうそう。私はコンプレックス人生だから、子どものときに感じた違和感みたいなのがまだある。だけど、中野さんは違和感がひとつもなかったって。私は世の中とのギャップが、いつもあるんです。たくさんの人とどうしても違う、それがいいなと今は自分で思っているけど、小さいときはただの変わった子という意識があった。だけど、「僕は一回もなかった」って。

中野 あるまま、見えたまま、僕はおかしいと思わないんですよ。

高山 自分と誰かを比べたりしない。走っていたときも、吐くまでやるなんて、私なら泣いていたと思う。

中野 泣いてやめた子もいましたよ。

高山 身体が嫌がっているから、苦しいし、悲しいですよ。でも、気持ちよかったと言っていましたね。

中野　苦しいのが嫌だとは限らないですよね。来たものに対して、とにかく全部食べたい。消化して出すものは出すけど。途中でやめると消化不良になるから。

A　たとえ吐いても、あたっても。

高山　ユウトクくんが保育園で、人前でおしっこができなくて、我慢するうちに、家でもできなくなって、命に関わる病気になったことがありましたよね。

中野　そうそう、ユウトクは人前で絶対したくなくて。でもおむつ離れのために、定期的にトイレへ連れて行かれて。いやで、いやで、もどすんですよ。家でも出なくなって、食べないし、血便まで出して。ガイコツみたいになって。これはもう保育園、やめたらって。それでやめたら、元気になって。本人が本当に行きたいところを探したんです。遊びながら体験できる幼稚園を気に入って、自分で行きたいって言ったから。今はそこへ通っています。

高山　そういうところ、中野さんと重なっていますよね。

中野　僕はそんなことないです。

高山　誇り高いの。小さくても。

中野　僕は誇り高くない（一同・笑）。

高山　まわりに合わせるの、無理。死んだ方がましっていうくらいのところまでいくって、すごいでしょう。ユウトクくんはほんと立派。いろんなことができないんです。というか、やらない。みんなと同じことを、しない。それを私は拍手しながら聞いている。でも、しんどくても、気持ち悪くても、当然のように受け入れる中野さんも、人とはずいぶん違うところがあるのに、世の中とのギャップがないって不思議です。

H　中野さんは先入観がないから、なんのギャップも生まれないのかなと思いました。この人こうかもって思うと、違ったときにギャップが生まれるんですけど、それがないから、そもそもギャップが生まれないのかも。

高山　あ、そっか。ほんとね。決めつけてないからなのか。

A　ありのままを受け入れているから、ギャップがない。

中野　ありのまま以外に何があるのかな。

H　思い込みというものがあるんですよ。

中野　あるのか。それって、自分で感じてイメージしちゃうってことですか。

A　相手はこう思っているんじゃないかとか、こうあるべきだとか。

中野　ふーん。ギャップってほんとないかもしれない。近所の人で、まわりから嫌がられているおばさんがいるんですが、なぜか家に来る。うちの母親が真摯に話を聞くから。きのうは、「お風呂にカエルが入っている、寝ようとしたら串刺しのカエルがある」って。それで、「窓開けていたんじゃない？　ひょっとして勝手に入って来たんかな」とか、話したんですけど。ずっと誰かに見られている気がする、というようなおばさんで。ちょっと変なのは分かるけど、その人のことよく見ていると、ちっとも変じゃないんです。とてもきれいな人なんですよ。僕のこともよく知っていて。「私は人物画が好きじゃないけど風景画が好きなの、見せて」って。僕はこの人が人物画をあまり好きじゃないの、分かる。うそついてないって思う。

H　ああ、いい話。中野さんは目が曇っていない。

A　そういうふうにいたいって思います。

高山　高山さんがこっちにいらっしゃった意味が、すごくよく分かりました。

A　そうですか。

高山　欲してらしたんだなって。揺さぶられる感じとか。

H　だって、今が楽しいもの。今、みんなでこうしているのも、ほんと楽しい。

高山　高山さんがお話したかったことはできましたか。

中野　うん。できました。

高山　ほんとですか？

中野　私は、中野さんのおもしろさを上手に人に言えないんだけど、この対談を読んでもらったら分かるものね。

H　あー、分からないんじゃないですかね。

　中野さんがうらやましいって思いました。

中野　なんでですか。

H　そう思えたらいいなって。「なにもの」でもありたくないって、なかなか思えないっていうか。自分は自分を頑張らなきゃって思っちゃう、それは誰かの目を意識したり、比較したりしているからかなって。そういうふうに思えたらいいなっていうところがいろいろありました。

中野　僕はまだ何もできていないんですけどね。

H　違う価値観というのか。違う考え方が、うらやましいっていうか、いいなあって思いました。別にそう思われても嬉しくないかもしれないけど（一同・笑）、私の感想なので気にしなくていいんですけど、そう思いました。

中野　適当に言っているんです。

H　適当であっても、そういうの、いいなって思いました。

高山　さあ、串カツ、これから支度しないと。話がおもしろくて、のどのところまでいっぱいで、食べなくても平気だけど。でもやりましょうね。

中野　あれ、おいしいですから。

一同　串カツー串カツー。

高山　はい、揚げます！

読む

『ふくろうくん』

母が幼稚園の先生だったので、うちの実家には絵本がけっこうあります。

私が幼いころには、夕ごはんの片づけのあとの、慌ただしい一日が終わるほっとした時間に、よく読み聞かせをしてくれました。双子の兄と私を両膝の上に、膝の間にはふたつ違いの姉を挟んで。

感動やさんの母は、しょっちゅう鼻をかみながら読んでいたっけ。

私が絵本を書くようになっていちばん喜んでいるのは、きっと母です。

この間も、お正月に帰省したとき、「あれ、おもしろいよ。ふくろうが涙でお茶をいれたり、吹雪を家の中へ入れたり、いろんなお話が五つくらい載ってるの……なんてったっけねえ、あの本は」と言いながら、かなり読み込まれたあとのあるアーノルド・ローベル作『ふくろうくん』を、本棚からみつけ出してくれました。

絵本の中のふくろうは、たいていは森の奥にひとりで暮らす賢い年寄りとして登場するのだけれど、このふくろうくんは、確かにひとりぼっちで森に暮らしてはいても、自分の家のことを、「ぼくんち」なんて言います。

「なみだの　おちゃ」の話は、こんなふうにはじまります。

「ふくろうは　しょっきだなから　ゆわかしを　とりだしました。『ぼく　こんばん　なみだで　おちゃを　いれようっと。』と　いいました。ゆわかしを　ひざの　うえに　おきました。『さあて、ぼく　はじめるよ』」

ふくろうくんはそのあと、「あしの　おれてしまった　いす」「だれも　みてくれる　ひとの　いない　あさ」「おさらに　のこってしまった　マッシュポテト」など、悲しい物ごとを次々に思い出しては声に出し、大粒の涙を湯沸かしにこぼして集めるのです。

そして、「なみだの　おちゃは　いつでも　とても　いいもんだよ」とつぶや

ふくろうくん
アーノルド ローベル作
三木卓訳
文化出版局 ミセスこどもの本

きながら、ちょっとしょっぱい味のお茶を、暖炉で温まりながらいただきます。

毎日の生活の中に隠れている、ひそかな愉しみをみつける天才のふくろうくん。

そこには、生きる哀しみを敬《うやま》う気持ちもちゃんと混ざっていて、ひとり暮らしをはじめたばかりの私のお手本です。

『アカシア・からたち・麦畑』

いっとき夢中になって読んでいて、十年とか、十五年とか、間が空いてまた読んでも、やっぱり大好きだなあとつくづく感じる本があります。

『アカシア・からたち・麦畑』は、私にとってそんな本。東京から神戸に越してくるときにたくさんの本を整理したけれど、手放さずにちゃんと持ってきて、本当によかった。

たしか私が三十代のころに、古本屋さんでみつけたのです。ぺらっとした文庫本の後ろには、三百四十円の鉛筆書きがあります。

この本は、佐野洋子さんの初期のエッセイ集で、子どものころのことが多く出てきます。

佐野さんという人は、自分の目で見たこと、聞こえたこと、感じたことに対し、絶対にうそをつかないぞと決心をしたような文を書きます。

名づけようのない気持ちを重ねながら、くるくると移ろい、数秒あとにはもうすっかり別のところに飛んでいって、すましてる。むきたての果物みたいな繊細さと残酷さを併《あわ》せ持つ、小さな人たちの心そのままに。

そういえば佐野さんの描く子どもたちは、みんなパンツをはいていません。青い小鳥を肩にのせ、草っぱらを羽ばたくような足どりで歩むカバー絵の女の子みたいに、佐野さんはきっと、身も心も正真正銘の子どもになって、この本を書かれたに違いありません。

「ある日、バスを降りようとして、赤いランプのブザーを押そうとしたら、女の子が私の手の前に小さな手をすべりこませて、ブザーを押してしまった。私は、カッとして、その子の耳もとで、『私が押そうとしたのにい』と言ったら、その子は泣きそうになった(中略)。かずみちゃんやバスの小さな傷ついた女の子のために、私は絵本を作ってもいいんだと思っている。大人も子供もあるもんか」

アカシア・からたち・麦畑
佐野洋子
ちくま文庫

私は、佐野さんのこういう文を読むと、立ち上がって万歳三唱をしたくなる。

『こんとあき』

林明子さんの『こんとあき』は、幼い女の子あきと、きつねのこんのお話。こんは「さきゅうまち」に住んでいるおばあちゃんがこしらえた、ぬいぐるみです。

「こんとあきは、いつも　いっしょに　あそんで、あきは　だんだん　おおきくなりました。ところが　こんは、だんだん　ふるくなりました」

ここを読んだ私は、夕食のあと片づけをしている母の後ろで、畳の上にうっぷし、涙と鼻水でぐちゃぐちゃになりながら、いつまでも泣きじゃくっていた小さいころのことを思い出しました。

陽が沈んで、暗くなる。楽しかった今日の日も、もうじき終わってしまう。目の前にいる母も、大好きな飼い猫のリリも、今日が終わるのと同じに、いつか急に夜の向こうへ消えてしまうんじゃないか。

砂丘で出くわした大きな犬に「ぱく！」とくわえられ、どこかへ連れ去られてしまったこん。絵本を読んでいる子どもたちはあきになって、こんのことを夢中で探しまわるでしょう。

そして砂に埋められたこんの耳の先をみつけたとき、きっと、敏感に感じ取る。『こんとあき』は、とても愛らしい絵本だけれど、ガーゼのようにやわらかな布で何重にも包《くる》まれた、死の予感が確かにあります。

人が亡くなってから行くところと、生まれる前にいたところは、同じ場所なんじゃないかと、私はなんとなしに思っています。

遥か昔のことなので、大人たちはもうとっくに忘れてしまっているけれど、生まれて間もない小さな人たちにとっては、そこでの記憶がまだなまなましく、大人よりもよっぽど死を身近に感じているんじゃないか。

そんなふうに思えて仕方がないのです。

読む

絵本のお終いはちゃんと、おばあちゃんがほころびたところを修繕し、みんなでお風呂に入って、こんは「できたてのように　きれいな　きつねに」なるのですけどね。

『親愛なるミスタ崔　隣の国の友への手紙』

このごろは寝る前に、佐野洋子さんの『親愛なるミスタ崔《チョエ》　隣の国の友への手紙』を読んでいます。

手紙をまとめた本なので、日にちを追って、少しずつ。

佐野さんがまだ佐野洋子ではなかった二十代のころ、夫（デザイナーの広瀬郁さん）を残し、ひとりベルリンで版画の勉強をしていたことがあるそうです。

本に書かれているのは、その当時に出会った生涯の友、韓国人の哲学者崔さんに宛てた四十年近くにわたる手紙と、崔さんからの手紙が少し。

佐野さんはやっぱり昔から、言いたいことがたくさんある方だったのですね。

どこの誰におもねることなく、獰猛《どうもう》な言葉はすでにいきいきと跳ね回り、あけすけでみずみずしく、ロマンチックでもあり。

読んでいる方はわくわくしたり、いきなり胸ぐらをつかまれて揺さぶられたり、ふいに泣きたくなったりします。

手紙というのはとても個人的なもののはずなのに、書いた人ももらった人も、もうこの世の人ではないような（佐野さんだけは、すでに亡くなっているけれど）。というか、はじめからこの世に存在していない人たちの物語を読んでいるような。ふと、そんな気持ちになるのです。

それはきっと手紙といえど、文面から立ち上ってくる湯気は匂いつきで、小説を読んでいるような心地にさせられるからなのでしょう。暴れん坊の自我を抱えた佐野さんという魂に、私が重なってしまうからなのかもしれない。

本の中で佐野さんは息子を産み、それからしばらくして、病気になって手術をし、後世に残るような絵本をたくさん描き、エッセイや小説も書き、離婚をして、結婚して、また離婚し、こんどはとても大きな病にかかります。

私はこの本を、四、五日なんかで読んでしまうのがもったいない。

親愛なるミスタ崔
隣の国の友への手紙
佐野洋子
CUON

せめて、手紙が交わされた半分の、二十年はかけて読みたいと思います。

『せきたんやのくまさん』

『せきたんやのくまさん』は、小さな子が抱えるのにちょうどいい大きさの絵本。懐かしい感じのする擬音と日本語が心地いいなぁと思ったら、石井桃子さんの訳でした。

「あるところに、せきたんやのくまさんが、たったひとりで　すんでいました。くまさんは、うまと、にばしゃと、せきたんのはいった　ちいさいふくろを、たくさん　もっていました」

赤いチョッキを着た主人公のくまさんは、ぬいぐるみにしか見えないのだけど、たいへんな働きもの。人格者でもあります。

背中にかついだ石炭を、石炭置き場に投げ込むとき、「どかん!」という音がします。注文を受けたのは三袋なので、「それから　もうひとふくろ。どかん!それから　もうひとふくろ　どかん!」。

石炭はひと袋百円。お金を数えるときには「1こ、2こ、3こ」。

なんて分かりやすいんでしょう。

ぬいぐるみのくまさんが働くこの絵本が、シリーズになっていることを知り、私はすぐに『パンやのくまさん』、『ゆうびんやのくまさん』、『ぼくじょうのくまさん』(フィービとセルビ・ウォージントン作・絵、『せきたんやのくまさん』以外は訳・間崎ルリ子)の三冊を買いました。

どのくまさんもみな早起きで、おのおのの仕事に誇りを持ち、決して手をぬかないので、一日が終わるととってもくたびれています。

だからお話はいつも、小さなベッドでぐっすり眠るところで終わるのです。明日もまた、早起きができるように。

思いっ切り遊んで新しいことをどんどん吸収し、遊び疲れて眠ってしまう小さな人たち。くまさんの毎日は、生きることに誠実な子どもたちの姿にも重なりま

読む

す。

二歳になる知人の息子もこの絵本が大好きで、わざとたたみかけるように「1こ2こ3こ」と早口で読むと、キャッキャッと喜び、「もおいっかい、もおいっかい」とせがむのだそうです。

『宿題の絵日記帳』

終わってしまうのが惜しく、ゆきつもどりつしながら『宿題の絵日記帳』を読んでいます。

主人公の麗《うらら》ちゃんは日記のはじまりでは二歳。三つ違いの姉と共に、本の中で少しずつ成長していきます。

麗ちゃんはたいてい、両胸に小さなポケット・ホルダーがついた服を着ています。それは、補聴器を収めるためのもの。

「これらの絵日記は聾話《ろうわ》学校の授業で日々の出来事を子どもと先生が会話するための補助にと宿題に出されたものだった」と、まえがきにあるように、この本は高度難聴の障害を持つ幼い娘のために、画家でもある父の今井信吾さんが絵と言葉で記録した、特別な絵日記です。

けれども同時に、それはちっとも特別ではないと、この絵日記は教えてくれています。

人とは少し違ったところのある麗ちゃんは、違っていることになんかびくともせず、相手の唇のかすかな動きで言葉を読み取る力、自分の口から発する言葉を、「カタツムリよりゆっくりと」身につけてゆきます。

活発で、興味のあることにまっしぐら。思い通りにいかないとすぐ不機嫌になるし、お風呂場で水遊びをしていて大切なコップを割ってしまったら、容赦なく母親にひっぱたかれたり。

遠足の前の日には、お姉さんがテルテルぼうずをこしらえ、「ママは『これくらいのおべんとばこに』の歌と同じおべんとうをつくらなくてはならないので、なげきつつ、つくっている」。

日記には、本当にあったことだけしか記されないからでしょうか。

今しかないその瞬間、そのときにしか見ることのできない家族の表情、言葉、

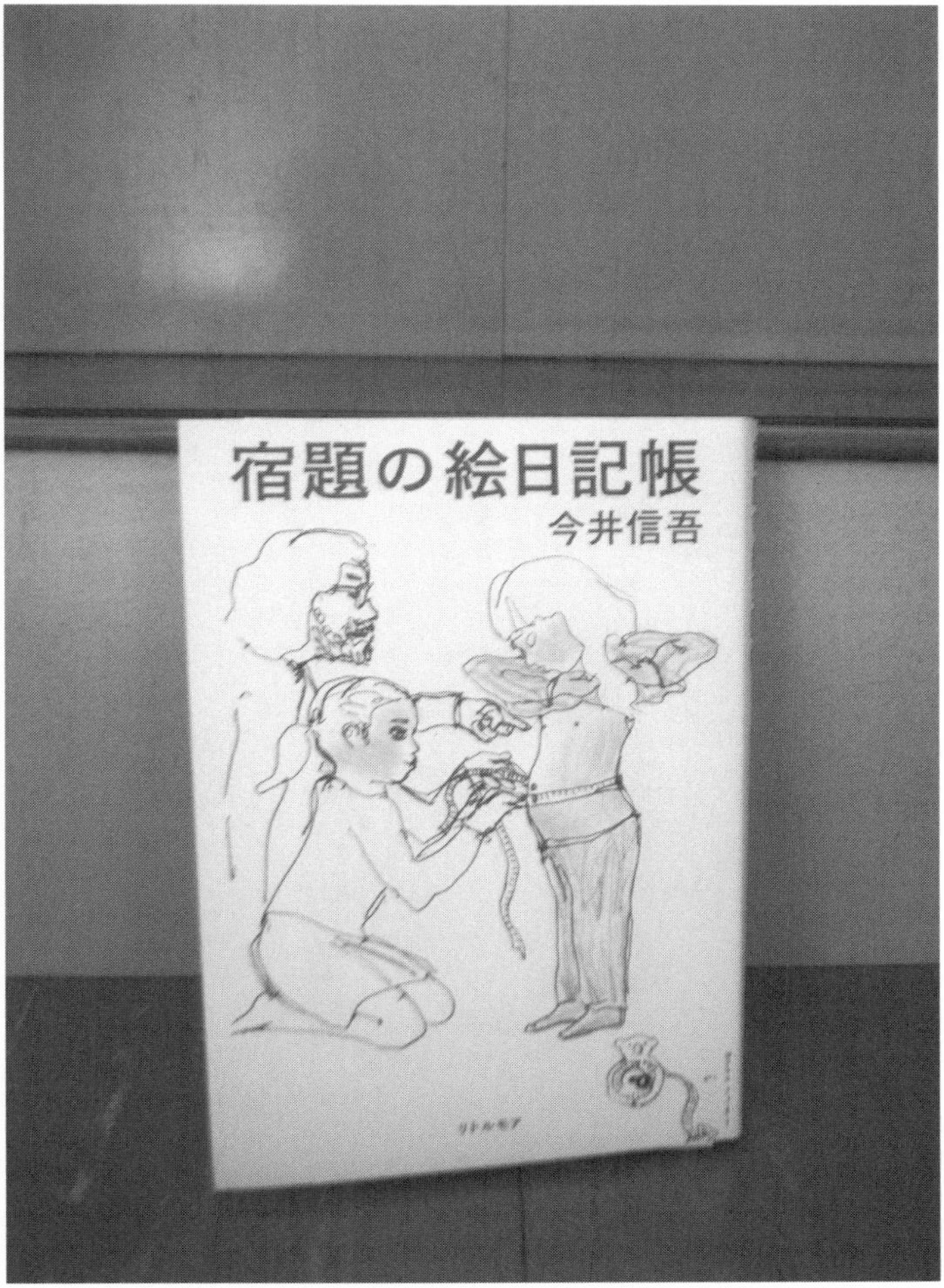

読む

声。

娘たちの成長の小さな変化に驚き、喜び、悲しみ、その生を慈しむ。駆けめぐるように過ぎ去ってしまう日々を記録したボールペンの絵と、走り書きのような短い文を読んでいると、まるでもうこの世にはいない、ある家族のアルバムをめくっているようで、胸がしめつけられます。

『あの頃』

とうとう、待ちに待った本が出ました。

『あの頃』は、武田百合子さんの単行本未収録のエッセイ集。百合子さんの決して多くはない著作をくり返し読んできた私には、国語辞典のようにぶ厚いこの本が、天からの贈りもののように嬉しく、毎晩寝る前に大切に読んでいます。

けれど、「五年目の夏」まできて、その先のページをめくれなくなってしまいました。

百合子さんと泰淳さんが、季節の多くを過ごした山荘の石垣などをこしらえた、石屋の外川さんにバッタリ会ったときのこと。

「今にも解体しそうに揺れながら一台走ってきたトラックが、すれちがいざまに急ブレーキをかけて停った。運転台の扉をいいから加減に閉め、ズボンのポケットに両手をつっ込んで、外川さんがゆらゆらとこっちにやってくる」

「右手を出して、手のひらで口の辺りを撫《な》でこすり、その手をポケットにしまうと、次にズボンごと上半身をゆすり上げる」

「『あのー。武田は五年前に死んだのよ。外川さん知らなかったでしょ』外川さんはギクッと体をかたくし、小さな光る眼《め》を狼狽《ろうばい》したように伏せて『俺《う》ら、知ってるですよ』と言った」。

百合子さんは見えたこと、あったことをそのままに、己の目に映った通りに執念を持って、正確に書く。どこかの誰かが使う言葉など、ひとかけらも信じていない人のように。

あんまり細かなところまで写し取られているので、私には、外川さんの動きがスローモーションのように見え、「図体に似合わない静かな」声が、耳に聞こえ、外川さんの皮膚の下で移り変わっていく心の内まで、テレパシーみたいに分かってしまう。

読む

『富士日記』に何度も出てきた外川さんに、何年もかかって、私まで再会することができた。

相変わらず、新聞記事やテレビのニュースを身近で起きた事件のように捉えて考えを述べる、ちょっと肥《ふと》ったかもしれない外川さんに。

その喜びに涙がこぼれ、文字が読めなくなってしまった。

百合子さんの本を読めば、もういない人にも、何度でも会うことができる。

そうなるように書いてあるのです。

『箸もてば』

石田千《せん》さんの『箸もてば』は、白い隙間に言葉がそよいで、歌を聞いているように心地いい随筆集です。

毎晩ひとつ読んだら余韻をたのしみながら寝たいのに、次も、また次もとつい読み進めてしまうのは、舌の上で飴玉《あめだま》を転がしているみたいだから。

飴はただ甘いだけでなく、いろいろな色、風味を持って千さんの手の平にのせられたのが、目の前にころん、ころんと差し出されます。

独断ですが、私にとってのカンロ飴は、黄色くなった小松菜を水に挿し、お終いまで食べ切る「葉っぱ今昔」。

いちごの味がするのは、かわいらしいおばあさんたちが出てくる「三人姉妹」。ハッカは、「いつものやおやさんから、つややかな一本を、わさわさかついで帰ってきた」と綴られる「大根亭日乗」。

空色のサイダーは、たまたま入った大阪の呑み屋の女将に教わった、おいしいものにはみんな「ん」の字がつく「おいしい、おしまい」。

友人が亡くなって、「水しかのめず、その水はすぐに目から流れ出た」千さんが、銭湯の向かいの食堂で何日ぶりかに食事をとる「レバニラ、たそがれ」は、ニッキ風味の黒飴。

「山盛りの、しろめし。もっと山盛りのレバニラと、わかめの味噌汁だった」

「手足があたたかくなり、額に汗がうかぶ。おいしいな、生きてるな」

「この世は、いろんなひとたちが、いろんな気もちで食べてるところ。いつもなら半分でへこたれる定食を、あのときはたいらげた。だいじな友人と、二人羽織りで食べていた」

食べもののことばかりが書かれた本なのに、読んでいるうちに私は、ひとりについて、ぼんやりと考えていました。

箸もてば　石田千
新講社

「ひとりもの」という言葉をよく使う千さんはきっと、ひとりで生きて死んでいく覚悟がもうできていらっしゃる。

ひとり暮らしがまだ浅い私は、千さんの台所を真似て、ゆでたての大豆を刻みねぎと青のり、辛子じょうゆで和え、噛みしめたりしています。

『もりのなか』

米寿を迎える母のために、姉の家でお祝いの会を開きました。

会場は、ふすまを取り払った畳の部屋。色とりどりの輪っかをつないだ折り紙の懐かしい飾りや、垂れ幕は、小学生のひ孫たちが。唐揚げやピザ、マカロニサラダにお刺身、お赤飯などのごちそうは、姉と私でこしらえました。

若かりしころからつい最近までの、母のスナップ写真を集めたスライド上映に、ひ孫のピアノ演奏。チアダンスに手品にプレゼント贈呈などなど、趣向をこらしたプログラムは、なんだか公民館で開かれる町内の子ども会のようでした。

かねてからの母の夢は、九人いるひ孫たちを膝のまわりに集め、絵本の読み聞かせをすること。

「私に似ている気がするの」と言って、まず選んだ絵本は、子どもみたいに好奇心旺盛な九十九歳のおばあさんが出てくる、佐野洋子さんの『だってだってのおばあさん』でした。

でも、お話が長くて読み切れる自信がないからと、さんざん迷ったあげくに選んだ一冊がマリー・ホール・エッツの『もりのなか』。

小さな男の子が紙の帽子をかぶって、ラッパを吹きながら森を散歩していると、昼寝をしていたライオンが髪をとかしてついてきたり、水浴びをしていたゾウの兄弟が、セーターを着たり、くつをはいたりしてついてきます。

クマも、カンガルーの親子も男の子に声をかけ、何かをしてからついてくるのに、草かげからだまってそっとついてきたウサギのことが、なんとなく私は気になりました。みんなとちょっと違うそういう子が、私は好きです。

母のお気に入りは、息子を探しにきたお父さんが、かくれんぼうをしているうちにいなくなってしまった動物たちのことを「きっと、またこんどまで　まっててくれるよ」と、最後に言うところ。

読む

「このお父さんは、人格者だわよねぇ」と、感心しています。

新しい動物が加わるたびに、手でラッパの形をこしらえ、「プップー！　プップー！　パッパラパッパー！」と、ひ孫たちに向かって盛んに鳴らしていた母ですが、あとで絵本をめくってみたら、そんなのはどこにも見当たりません。

絵を見ながら、母が勝手に音をつけていたようです。

『それでも それでも それでも』

本屋さんで、「透明なあなた」という詩が目に飛び込んできました。
それは写真と言葉で綴られた本、『それでも それでも それでも』の最初のページにありました。

どうしてもあなたのことがわからない。
すぐそばにいながら、あなたのことがとても遠い。

あなたはぼくではない。

それでも、まず自分自身を
よりどころとしなければ
あなたとの関係は始まらない。

だから、ぼくをあなたへ差し出す。

ぼくはあなたではない。
それでも、あなたもまた
あなた自身をぼくに差し出している。

差し出されるそれらが
交わるところで関係が始まる。

ぼくはすでに透明なあなたであった。

読む

私たちは、わけの分からないものに出会うと、つい分かったふりをしてしまいます。

分かったつもりになって、イメージを固めた目で見てしまう。怖いから。

でも、誰かをとても好きになったとき、相手のことを深く知りたくなります。目に見える姿や表情、話す言葉だけでは分かり切ることができないから、もっと近くに寄って確かめたい。重なりたい。その声に耳を澄ませ、まわりに漂う空気の震えをみつめ、匂いを感じていたい。

私は「透明なあなた」の「あなた」を、「世界」に変えて詩を読み直し、ページをめくっていきました。

見ているそばから刻々と姿を変え、移ろい、消えていってしまう風景、人、生き物。

写真には、本当は私たちにも見えているはずの世界が映っていました。

やっぱりそうだ。

この本を書いた人は、分からないものを分からないまま、でもとても強く、どうしても分かろうとして身を投げ出し、この世界を見ようとしている。

体も心も透明にして、それでも、それでも、それでも、と目をこらし、決して諦めずにファインダーを覗いている齋藤陽道さんは、耳の聞こえない写真家です。

『博士の愛した数式』

私はこの本を、どうして今まで読んでこなかったんだろう。

小川洋子さんの『博士の愛した数式』は、心に静けさを宿している人たちの物語。主人公の数学博士は、交通事故で脳をやられ、八十分しか記憶を維持することができません。

だから、家政婦の「私」とは、きのうもおとついも会っているのにいつだって初対面。毎朝玄関先で、「君の靴のサイズはいくつかね」などと、数字に関する同じ質問をします。

毎日がはじめて。いつも新しいというのは、どういうことなのでしょう。

読む

本を読んでいる間、私はそのことをずっと思っていました。地球が生まれてこの方、変わらないものは何もありません。人の心も、空の色も。

ならば、博士のいる世界の方が本当なのではないか。

ポークソテーと生野菜のサラダ、卵焼きをこしらえる「私」の手元をじっとみつめていた博士が、小さな質問を投げかける場面があります。

「博士は考えているときと同じ目を、私に向けていた。瞳の黒色が透き通って見えるほどに濃くなり、息を吐くたび睫毛の一本一本が震え、近くに焦点があるのにはるか遠くを見通しているかのような目だった」

「私は出来上がった料理と、自分の手を交互に見比べた。（中略）どれもありふれているが、美味しそうだった。今日一日の終わりに、幸福を与えてくれる料理たちだった。私はもう一度自分の掌に視線を落とした。まるで自分が、フェルマーの最終定理を証明したにも匹敵する偉業を成し遂げたかのような、ばかばかしい満足に浸っていた」

誰かの清い眼差しにみつめられるだけで、料理が、日常が、祝福されたように光を発する。

夕暮れどき、十歳になる「私」の息子のルートが、博士の書斎で宿題をしている。「そこだけ空が、低くなっているかのよう」な雨音。

雨の日には「普段より一段と濃く」なる、古い紙の匂い。

クリームシチューにポテトサラダ、ミートローフにマッシュポテト、チキンソテーにいんげんの添え物。もしかすると「私」が支度をする夕食のどれもが、誰にとっても馴染み深い料理のせいもあるかもしれない。

本を読んでいないときでさえ、私は彼らと隣り合わせで生きている感じがありました。

それは、小川さんの体からしみ出たあらゆる言葉の実感が、本の中の現実をしっかりと支えているからなんだと思います。

『カボチャありがとう』

赤い大きなカボチャが、のっしのっしと野山を歩いていきます。

自分を食べたがっている虫や動物たちに出会うたび、「たべていいよ」と迎え入れ、背中にのっけて進む。どんどんのっけて、「あー　おもたい」と座り込んだ体を丸ごと差し出し、みんなに食べさせます。

木葉井悦子さんの『カボチャありがとう』に出会ったのは、レストランの厨房で働いていた三十代のころ。

料理というのはケチな心がいちばん似合わない。お店に足を運んでくださるお客さん方に、ありったけの材料を使い果たしてジャンジャンお出しししたいと、汗

読む

をかきかき料理をしていた日々に読みました。

木葉井さんはそのレストランのお客さんでもあったのだけど、私には、この赤く熟れたおいしそうなカボチャが、木葉井さんご本人に思えて仕方ありませんでした。

そうか。出すものが何もなくなったら、自分の肉を切り取ってでも料理して食べてもらいたいと私が願うのは、おかしな考えではなかったんだな。

大きなカボチャがすっかり食べ尽くされると、あとに残ったのは種だけ。

「あめが　たくさん　ふって　みみずが　きゅるきゅる　おどりだし　カボチャのたねを　つちのなかに　しまいました」

お終いのページでは、カボチャの種があたたかそうな土の中で眠っています。いつの日かまた芽を出し、実を結ぶために。

食べるということ。食べたものが体を作り、うんちになって出てくること。そのくり返し。

木葉井さんの絵本にはいつも、死ぬことと生きることがあっけからんと朗らかに、いっぺんに描かれていて大好きです。

『お縫い子テルミー』

春がくる前のひと月ほど、たまたま用事が重なり、神戸と東京を往ったり来たり三往復した。

その間ずっと、吉祥寺に住んでいる古くからの友人の家に泊めてもらっていた。家でごはんを作ることもあったけど、夜はふたりで呑んで帰ってくる日が多かった。お風呂から上がると、部屋の照明がいい具合に落ちていて、私たちはふかふかの布団を縦につなげて敷き、頭を向こう側にして、それぞれ眠った。

三度目に泊まった日の朝、まだ暗いうちに友人はリュックをかついで山登りに出かけていった。ゆっくり目覚めた私は、彼女の台所で朝ごはんのパンを焼いて食べ、洗いものをし、ベランダに布団を干した。

開け放した窓からぼんやり眺めていたら、どこからか小鳥が飛んできて、電線にとまった。二十年来のつき合いなのに、なんだか彼女がいない方が、いるときよりも彼女を感じた。今まで知らなかったいろいろが、部屋じゅうに息づいて、それでますます友人のことを好きになった。

女同士でもこうなのだから、男の人の部屋に泊まったり、居候なんかしたら、いったいどんなことになってしまうのだろう。

これぞ恋、と思う小説を昔に読んだ。タイトルは忘れてしまったが、文庫本の半分くらいの、そう長くない話だった。

主人公は、縫い針一本で暮らしを立てている十代の女の子。居候をしながら家主の服を縫い、縫い終わったら服だけ置いて、こっそり出ていく。おばあちゃんも母親も代々そうして生きてきた。依頼主にぴたりと合う服を縫うには、居候がいちばん。型紙などとらず、相手の体つきを思い描きながらひと息に裁ち鋏《ばさみ》を入れる。

彼女がはじめて恋した相手は、キャバレーで歌う長身の女装の男（おかまでも

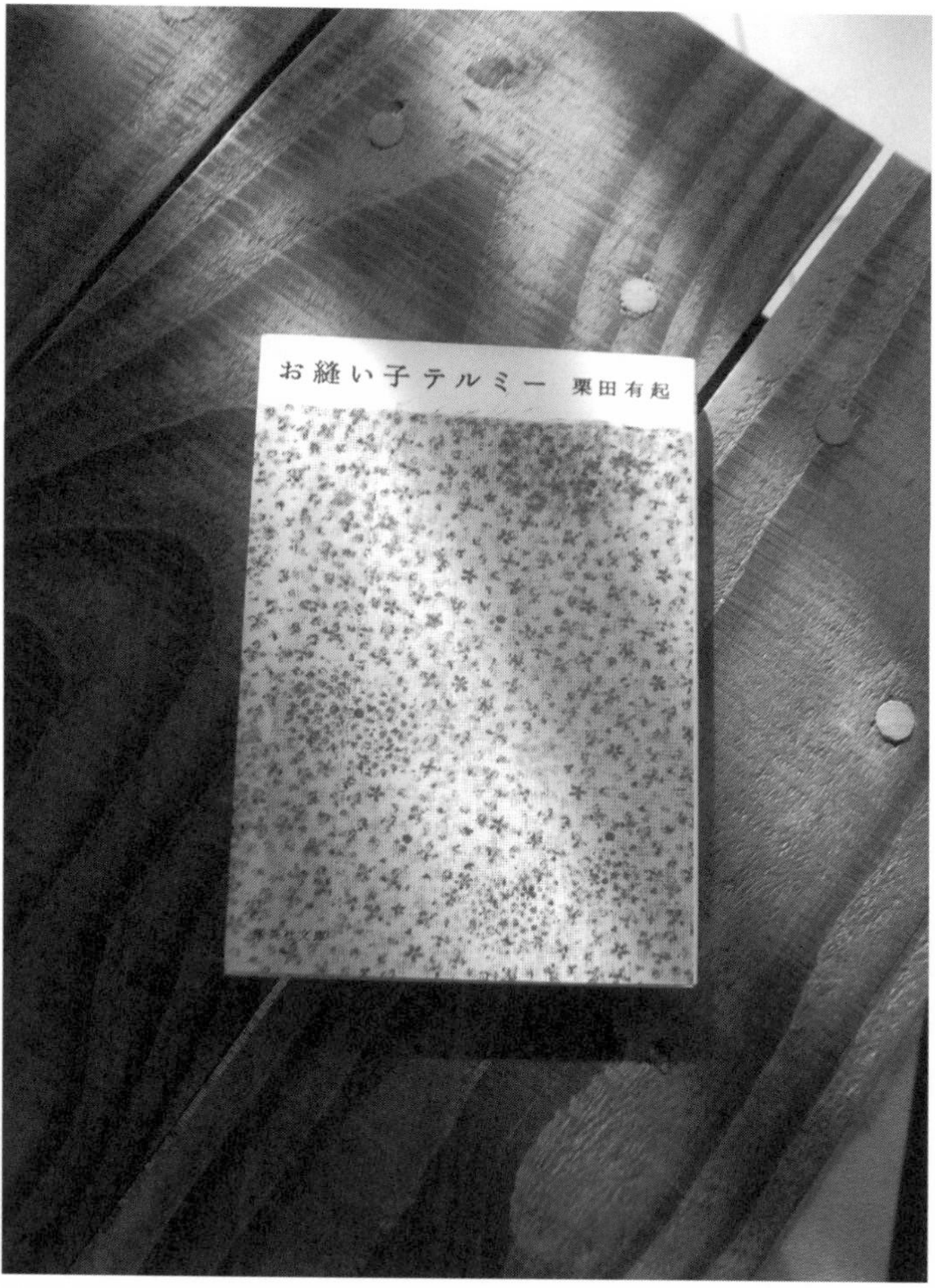
お縫い子テルミー
栗田有起

ゲイでもない）だった。歌声を聴いて、あっという間に恋をした。完全な片思い。例によって居候暮らしをしながら、彼に合う服を精魂込めて縫う。同じ布団で眠ることはあっても、ふたりは決して交わらない。

恋をすると、相手のことを何でも知りたくなる。自分の持っているすべてを差し出したくなる。できることなら、ひとつの生きものみたいになりたい。

考えてみれば、相手の体の一部が自分の中に入ってくるというのはすごいことだ。でも、思いが成就してしまったら、体を重ねてしまったら、それはもう恋ではないのだ。

小説のタイトルを思い出した。栗田有起さんの『お縫い子テルミー』だ。

子どもの孤独とことば

絵本『どもるどだっく』インタビュー

――この絵本は、高山さんの子ども時代の実体験ですか？

4歳のころの私の話です。

どもりじゃなくても、ほかの子と同じようにできないということは、誰にでも起こりますよね。

みんなと同じようにしたくない気持ちがあるのに、がまんして合わせたり、うそをつかなきゃならないとか。

――子どものときはどんなふうに遊んでいましたか？

私は4人きょうだいだったのですが、一番上のおにいちゃんとは8歳離れていたから、当時はもう中学生で大人みたい。

2歳上のおねえちゃんと、双子の兄のみっちゃんと私の3人がチームだった。おねえちゃんがリーダーで、私がだめだめで。

みっちゃんは、人に呼ばれると、にこにこしてすぐに走ってくるような子でかわいかったんだけど、私は、言うこときかなくて、手がつけられなかったって。心当たりあります（笑）。

おねえちゃんは、つりスカートでなくても大丈夫で、鼻くそもついてないし、いつもきりっとピンで髪をとめてて、「私は○○だと思います」ってちゃんと最後までしゃべれたから、憧れでもあり、私にははっきりと劣等感がありました。

このころは、母や姉に怒られることが多かったですね。

「鼻くそついてるよ」「食べちゃだめだよ」「猫とキスしちゃだめだよ」とか。

自分がいいと思っていることに対して、よくないって言われることへの、いじけた気持ちやうしろめたさもあった。絵本の中で、猫の口に舌を入れるシーンがありますが、こんなとこ見られたら、おねえちゃんに怒られますよ。だから、縁の下の近くで隠れてやってるんだもん（笑）。

こういうことしてるから、お腹に虫がいるし（笑）。でも、そんなことぜんぜん平気だった。

それよりも、猫の口の中は、なんていい匂いなんだろうって思ってた。

――「あめあめあめあめ」のシーンで泣いているのは、どんな感情だったのでしょう。

雨が降ると、まわりの自然と近くなりますね。葉っぱが匂い立って、色が深くなる。地面も葉っぱも、ぜんぶ色が深くなる。この絵のシーンは、やっぱり、ひとりぼっちの気持ちなんじゃないかな。

傘をさすと、傘の下が、自分だけの空間になって、音もこもる。世界が「私」と「雨」、というふうになれるんですね。いまでも、この感じです。

でも実は、それは中野真典さんの絵を見て気がついたんです。左目だけ泣いている絵だったから。

――この絵本は、自然と一体となる子どもの生命力を感じさせると同時に、どこか淋しさも漂っていませんか？

幸福感と孤独感は、背中合わせみたい。私は小さいころ、夕方になるとすごく泣く子だったらしい。

「あんた、畳の上で、涙と鼻水でぐちゃぐちゃになって、手がつけられなかった」って、姉が。

いまでもそうなんですけど、夕方になると心細くなる。

夕陽が沈む直前って、強烈に光るときがありますよね。

それを見ると、死ぬ前の感じを思うんですね。

小さいながらに、いつか、何もかもなくなるって感じていたんじゃないかな。

夕方から夜になり、真っ暗になっていくとき、「あ、今日が終わっちゃうんだ」っていう感じ。

なんの脈絡もなく、「おかあさん、死んじゃうのかな」とか。

変わらないものなんてない、ということが怖くて切ない。

それが孤独なんじゃないかと思うんですね。みんなひとりぼっちで。

一方で、夕方には、死ぬことへの恍惚感もある。

子どもにとって、死ぬことって、自分がもといたところに還《かえ》っていくことのように思うんですね。

お母さんのお腹の中とか、もっと太古の昔のところへ。

——匂いの記憶にはどんなものがありましたか？

ひいばあちゃんの部屋で、こっそりひいばあちゃんが梅酒をくれたことがあったの。甘くて、すっごくおいしくて。お酒ですよ（笑）。

そのときのひいばあちゃんの部屋って、年よりの匂い、湿った匂い、なんか死の匂いがするように感じた。あ、死ぬんだなって。

私ももう、若くないけれど、年とって、朽ちて滅びていくのと、赤ちゃんが生まれて、新しく更新していくことが、一緒くたにある。

そういう自然の摂理が、切ないのかな。

この世は、そういう仕組みになっている。必ず終わりがくる。人は死んじゃう。新しいものがやってくるっていうことは、死があるってことだとか。

そういう気配、大人も子どもも、みんなうすうす感じている。

だから、夕方の音楽の放送が流れてきたりすると、「もう、帰んなきゃ」となって、条件反射のように切なくなるのね。

——本の帯にある「みんなと　おなじようにできなくたって　だいじょうぶだよ」は、

高山さんご自身が、子どものときに言われたかった言葉ですか？

そうですね。言われても、当時は分からなかったかもしれないけど。

でも母は、どもりの私に対してそういう姿勢だった。

私は3歳になっても、ちゃんとしゃべれなかったみたい。

「あんあん　ばあばあ」みたいな、赤ちゃん語だったんじゃないかな。

双子の兄のみっちゃんに比べて、言葉が遅かったので、ちょっとは心配したようだけど、幼稚園の先生だった母はのんきな人だから、自分の仕事が忙しくて、それどころじゃなかったみたいです。

——言いたいことがいっぱいあるのに、言葉がするすると出てこないことに、4歳のなみちゃんはもどかしい気持ちはありましたか？

どもっていることに自覚がないのね。

だから（おかあさんは、なんで私に、ゆっくりしゃべりなっていうのかな）とか、思っていた。

私は、言葉そのものを意識してしまうからしゃべれない。

それで、どもりなんだと思うの。言いたいことを伝えるために、例えば、「あ」を言って、次に「い」を言って、その次は「か」って言わないとならないんだけれど、か行は出にくい音だからどうしよう……と考えちゃう。

心と言葉はまったく同じではないけど、みんなそのことを気にしないで当たり前のようにしゃべれるじゃないですか。

どもりの人にはそれができないんだと思うんです。自分の心の中にあるものにぴったりくる言葉を、ひとつひとつくっつけて、これで合ってるかなって思いながらしゃべってるから。

あ、これは私の場合なんですけどね。みんなどうなんだろう……私、どもりの人から話を聞いてみたいな。

――いまも言葉につまることはありますか？

いまはほとんどないけれども。

たくさんの知らない人たちの前に出たときとか、電話がかけられないとか、道を聞けないとか、お店で注文ができないとか。わりとつい最近までそうでした。たぶん、こわかったんだと思う。自分のことを知らない人に会うと、四面楚歌《しめんそか》になっちゃう。みんな、私のしゃべり方を変だと思っているんじゃないか、とか。

――どもったときのまわりの人たちの反応が、さらにどもらせる?

そうかもしれないですね。そうすると、萎縮して体がかたくなっちゃう。小学校では、先生にさされて「本読み」するのがいちばん苦手だった。私が読むと、くすくす笑われたり、みんなそわそわしたりする。東京・吉祥寺のレストラン「クウクウ」でシェフをしていたとき(1990年~2003年)、パーティなんかで料理の説明をするために、大勢のお客さんの前に出ることがたびたびあったの。

私、どもらないようにしようとすると、言葉がつまって声が出てこなくなるんです。思っていることをちっとも伝えられない。

あるとき、お客さんの中に、大好きな絵本作家の木葉井悦子さんがいらしたときがあって、木葉井さんが、私が声をふるわせて、つっかえつっかえ話すのを聞いていたんですね。

あとから、マスターを通じて知ったんだけど、「格好よかったです、高山さん。ますます好きになりました」って、ほめられたの。

それを聞いて、「あ、このままでいいんだ」（笑）って思った。

だから、どもりであることで卑屈になる必要はないし、どもりはマイナスじゃないです。

そういうこと、この絵本をつくりながら思い出してました。


——それはどういうことでしょう？


体の中に、言いたいことが人いちばい溢れているんです。私はそれがどもりだと思う。

私はいつも、毎日の小さな変化をちゃんと見て、聴いて、生きていきたい。

そういうことを感じながら、できるだけそのまま正確に人に伝えようとすると、隙間があいたり、同じ言葉を何度も重ねたり、変なリズムでしゃべったり、急に声が大きくなったり、沈黙したりする。だから私、いまだにどもりなんです。

きのうと今日が違わないと思った方が、会社に行きやすいのは分かるし、私もそんなふうにして、暮らしていたころもありますけども。

本の帯に「ひりひりした歓び」とあるけども、子どものころはみんな、一瞬一瞬のすべてが新しかったはずですよね。

――言葉と一体になるというのは？

わあ、むずかしいですね。

体を開いて、うそをつかないということかなあ。

あと、子どものころ、母がひな祭りの歌を歌っていたときに、おかあさんの背中に耳をつけて聞いていると、声が直に体に入ってきた。

おかあさんとひとつになる感じ。たとえば、そういう感触のことかしら。

関係ないけど、好きな人ができると、そういうことってしませんか？　結婚したてのころとか（笑）。

「食べる」ことも、そんなことのような気がする。体の中に入れるから。

だから、うんこも味見したくなる（笑）。

小学校に入ってからだけど、一回だけ試したことがあるの。あるときクラスで男子たちが、「おめえ、うんこって食べたことあるのかよ」「ねえのかよお」「なんで食べねえだよ」って話してるのが遠くから聞こえてきて、食べてもいいんだあって思って、ひとりでこっそりやってみた。マッチ棒とかでチョンチョンとやって、舐めてみたんだと思う。そしたらとんでもない味だった。

苦い、かぁぁぁっみたいな（笑）。大丈夫ですかね、この絵本。おかあさんが、「うんこなんか味見したらだめだから、読んじゃだめだよ、こんな本」ってならないかしら。それだけが心配（笑）。

——子どもたちに、大人たちに向けてひと言お願いします

子どもたちがこの絵本を読んだときに、何を感じるんだろう。パンツの女の子が出てくるから、ちょっとエッチな感じがして、こっそり見てくれたり、声が爆発してるこの絵を見て、「ぼくの方が上手に描けるよ」とか思ってくれたらうれしいな。

みんなと同じようにできない子には、「そのままでぜーんぜん大丈夫だよ」って言いたいし、大人には、「どうだった？　気持ち悪かった？　どんな感じがした？」って聞いてみたい。

その人の子どものころの話を聞いてみたいですね。

私はこうだったけど、あなたはどんなふうでした？って。

とりつくろうことなしにね。

聞き手　佐川祥子（ブロンズ新社・編集者）

「読む」本の索引

『本を愛しなさい』長田 弘（みすず書房）
『ゼロになるからだ』覚 和歌子（徳間書店）
「枇杷」武田百合子『もの食う話』に収録（文藝春秋）
『リスとはじめての雪』ゼバスティアン・メッシェンモーザー作／松永美穂訳（コンセル）
『ピダハン』ダニエル・L・エヴェレット著／屋代通子訳（みすず書房）
『なずな』堀江敏幸（集英社）
『大きな鳥にさらわれないよう』川上弘美（講談社）
『わたしのおいわいのとき』バード・ベイラー文／ピーター・パーナル絵／田嶋さき子訳（偕成社）
『砂浜』佐藤雅彦（紀伊國屋書店）
『陸にあがった人魚のはなし』ランダル・ジャレル作／出口保夫訳（評論社）
『僕はずっと裸だった　前衛ダンサーの身体論』田中 泯（工作舎）
『ヤマネコ毛布』山福朱実（復刊ドットコム）
『うさぎのまんが』MARUU（祥伝社）
『ふくろうくん』アーノルド・ローベル作／三木 卓訳（文化出版局）
『アカシア・からたち・麦畑』佐野洋子（ちくま文庫／文化出版局）
『こんとあき』林 明子（福音館書店）
『親愛なるミスタ崔　隣の国の友への手紙』佐野洋子（クオン）
『せきたんやのくまさん』フィービとセルビ・ウォージントン 作／石井桃子訳（福音館書店）

『宿題の絵日記帳』今井信吾（リトルモア）
『あの頃』武田百合子（中央公論新社）
『箸もてば』石田千（新講社）
『もりのなか』マリー・ホール・エッツ作／間崎ルリ子訳（福音館書店）
『それでも それでも それでも』齋藤陽道（ナナロク社）
『博士の愛した数式』小川洋子（新潮社）
『カボチャありがとう』木葉井悦子（架空社）
『お縫い子テルミー』栗田有起（集英社）

「聴く」対談者プロフィール

筒井大介（つつい・だいすけ）

１９７８年大阪府生まれ。絵本編集者。

教育画劇、イースト・プレスを経て、フリーに。野分編集室主宰。絵本編集のかたわら、水曜えほん塾、nowaki 絵本ワークショップを主宰し、作家の発掘・育成にも力を注ぐ。また、京都にて器と本の店「nowaki」を夫婦で営む。

主な対談に関連する担当作は、長新太『そよそよとかぜがふいている』（教育画劇）、スズキコージ『ブラッキンダー』（第14回日本絵本大賞受賞）』、ミロコマチコ『オオカミがとぶひ（第18回日本絵本大賞受賞）』（以上イースト・プレス）、『オレときいろ（２０１５年ブラティスラヴァ世界絵本原画展「金のりんご賞」受賞）』（WAVE 出版）、『ドクルジン』、荒井良二『こどもたちはまっている』（以上亜紀書房）、加藤休ミ『りきしのほし』（イースト・プレス）、高山なおみ・文／中野真典・絵『たべたあい』（リトルモア）、山下賢二・作／中田いくみ・絵『やましたくんはしゃべらない』（岩崎書店）、『あの日からの或る日の絵とことば　３・11と子どもの本の作家たち』（創元社）など。

齋藤陽道（さいとう・はるみち）

1983年東京都生まれ。写真家。

都立石神井ろう学校卒業。聴力に障害を持って生まれ、ろう学校で手話と出合い、世界が広がる。ろう学校で出会った妻、麻奈美さん、聴者である長男・樹（いつき）くん、2018年に誕生した次男・畔（ほとり）くんと4人暮らし。

2010年、写真新世紀優秀賞受賞。2013年、ワタリウム美術館にて、新鋭写真家として異例の大規模個展「宝箱」を開催。主な写真集・著書に、『感動』『感動、』（以上赤々舎）、『それでも それでも それでも』（ナナロク社）、『異なり記念日』（医学書院）、『声めぐり』（晶文社）など。また、クラムボン、マヒトゥ・ザ・ピーポー等、アーティスト写真・映像も数多く手がける。2017年から写真プロジェクト『神話』が進行中、写真展と冊子制作等に取り組み、現在4年目を迎える。2020年公開、主演ドキュメンタリー映画『うたのはじまり』（河合宏樹監督）は、子育てを通して嫌いだった「うた」と出合うまでを記録する。

中野真典（なかの・まさのり）

１９７５年兵庫県生まれ。画家。

大阪芸術大学卒業。在学中の１９９６年、大阪『SELF-SOアートギャラリー』にて初個展。卒業後、保育士ののち、本格的に作家活動をはじめる。主な絵本作品に、内田麟太郎・文『おもいで』、『おはなしトンネル』（共に筒井大介編集、以上イースト・プレス）、『りんごちゃん』（ＢＬ出版）、『かかしのしきしゃ』（理論社）、『はじめてのはじまり』中川ひろたか・文（小学館）、愛猫ミツとの別れを描いた『ミツ』（佼成出版社）など。高山なおみと共につくった絵本は、『どもるどだっく』（ブロンズ新社）、『たべたあい』（リトルモア）、『ほんとだもん』（ＢＬ出版）、『くんじくんのぞう』（あかね書房）、最新作は『それから それから』（リトルモア）。また、２０１８年には、自身で立ち上げたレーベル「くちぶえ書房」から絵本『旅芸人の記録』出版。京都・大阪・東京を中心に、各地で精力的に個展を続けている。

初出一覧

『本を愛しなさい』共同通信社／配信日二〇一五年一月九日

『博士の愛した数式』読売新聞「平成時代名著50」二〇一八年九月二十三日

『カボチャありがとう』日本児童図書出版協会／「こどもの本」二〇一七年九月号

『お縫い子テルミー』東京都古書籍商業協同組合・発行／フリーペーパー「東京の古本屋」二〇一八年四月－六月号

「子どもの孤独とことば　絵本『どもるどだっく』インタビュー」ブロンズ新社ホームページ／前編「子どもの孤独」二〇一六年六月九日、後編「ことば」について二〇一六年七月六日

本書は、読売新聞連載「高山なおみのおいしい本」（二〇一六年一月〜二〇一七年十一月）と、右記の原稿を加筆・修正して一冊にまとめたものです。

「聴く」は書き下ろしです。

高山なおみ（たかやま・なおみ）

一九五八年静岡県生まれ。料理家、文筆家。

レストランのシェフを経て料理家になる。文章もまた料理と同じくからだの実感に裏打ちされ、多くの人の共感を生む。二〇一六年、東京・吉祥寺から、神戸へ住まいを移し、ひとり暮らしをはじめる。本を読み、自然にふれ、人とつながり、より深くものごとと向き合いながら、創作活動を続ける。

著書に『日々ごはん①〜⑫』、『帰ってきた 日々ごはん①〜⑦』、『野菜だより』、『おかずとご飯の本』、『今日のおかず』、『チクタク食卓㊤㊦』（以上アノニマ・スタジオ）、『押し入れの虫干し』、『料理＝高山なおみ』（以上リトルモア）、『今日もいち日、ぶじ日記』、『ロシア日記』（以上新潮社）、『気ぬけごはん』（暮しの手帖社）など多数。絵本に『アン ドゥ（絵・渡邉良重）』（リトルモア）、『どもるどだっく』（ブロンズ新社）、『たべたあい』（リトルモア）、『ほんとだもん』（BL出版）、『くんじくんのぞう』（あかね書房）以上絵・中野真典、『おにぎりをつくる（写真・長野陽一）』（ブロンズ新社）、『ふたごのかがみ ピカルとヒカラ（絵・つよしゆうこ）』（あかね書房）。最新刊は、中野真典との共作『それから それから』（リトルモア）。
公式ホームページアドレス　http://www.fukuu.com/

絵　中野真典（装画、p.182-183、口絵）
描き文字・写真　高山なおみ（「読む」書影）
写真　齋藤陽道（口絵）
藤田二朗〈photopicnic〉（p.138-176 筆談原稿）
編集・構成　宮下亜紀（「聴く」対談）
装丁　池田進吾〈next door design〉
DTP　川里由希子
編集　村上妃佐子〈アノニマ・スタジオ〉

本と体
２０２０年９月17日　初版第１刷発行
２０２０年10月31日　初版第２刷発行
著者　高山なおみ
発行人　前田哲次
編集人　谷口博文
アノニマ・スタジオ
〒111-0051　東京都台東区蔵前２-14-14　２F
TEL　03-6699-1064
FAX　03-6699-1070
発行　KTC中央出版
〒111-0051　東京都台東区蔵前２-14-14　２F
印刷・製本　シナノ書籍印刷株式会社

ISBN978-4-87758-809-0 C0095

アノニマ・スタジオは、
風や光のささやきに耳をすまし、
暮らしの中の小さな発見を大切にひろい集め、
日々ささやかなよろこびを見つける人と一緒に
本を作ってゆくスタジオです。
遠くに住む友人から届いた手紙のように、
何度も手にとって読み返したくなる本、
その本があるだけで、
自分の部屋があたたかく輝いて思えるような本を。